Scoprire i Giochi Gratuiti Online

Disponibile Qui:

BestActivityBooks.com/FREEGAMES

5 CONSIGLI PER INIZIARE

1) COME RISOLVERE LE PAROLE INTRECCIATTE

I puzzle hanno un formato classico:

- Le parole sono nascoste senza spazi o trattini,...
- Orientamento: Le parole possono essere scritte in avanti, indietro, verso l'alto, verso il basso o in diagonale (possono essere invertite).
- Le parole possono sovrapporsi o intersecarsi.

2) APPRENDIMENTO ATTIVO

Accanto ad ogni parola c'è uno spazio per scrivere la traduzione. Per incoraggiare l'apprendimento attivo, un **DIZIONARIO** alla fine di questa edizione vi permetterà di controllare e ampliare le vostre conoscenze. Cerca e scrivi le traduzioni, trovale nel puzzle e aggiungile al tuo vocabolario!

3) SEGNARE LE PAROLE

Puoi inventare il tuo sistema di segni. Forse ne usi già uno? Per esempio, puoi segnare le parole difficili da trovare con una croce, le parole preferite con una stella, le parole nuove con un triangolo, le parole rare con un diamante, e così via.

4) STRUTTURARE L'APPRENDIMENTO

Questa edizione offre un **TACCUINO** alla fine del libro. In vacanza, in viaggio o a casa, puoi organizzare facilmente le tue nuove conoscenze senza bisogno di un secondo quaderno!

5) AVETE FINITO TUTTE LE GRIGLIE?

Nelle ultime pagine di questo libro, nella sezione della **SFIDA FINALE**, troverete un gioco gratuito!

Facile e veloce! Dai un'occhiata alla nostra collezione di libri di attività per il tuo prossimo momento di divertimento e **apprendimento,** a portata di clic!

Trova la tua prossima sfida su:

BestActivityBooks.com/MioProssimoLibro

Ai vostri posti, pronti...Via!

Sapevi che ci sono circa 7.000 lingue diverse nel mondo? Le parole sono preziose.

Amiamo le lingue e abbiamo lavorato duramente per creare libri di altissima qualità. I nostri ingredienti?

Una selezione di argomenti adatti all'apprendimento, tre buone porzioni di intrattenimento, una cucchiaiata di parole difficili e una spolverata di parole rare. Li serviamo con amore e entusiasmo in modo che tu possa risolvere i migliori giochi di parole e divertirti imparando!

La vostra opinione è essenziale. Puoi partecipare attivamente al successo di questo libro lasciandoci un commento. Ci piacerebbe sapere cosa ti è piaciuto di più di questa edizione.

Ecco un link veloce alla pagina dell'ordine:

BestBooksActivity.com/Recensione50

Grazie per il vostro aiuto e buon divertimento!

Tutta la squadra

1 - Scacchi

```
F  V  W  J  M  S  B  X  J  T  Á  S  E  P
W  E  B  L  Z  V  A  P  P  O  L  Z  L  S
H  O  K  O  S  E  J  B  J  R  D  A  L  T
S  L  I  E  Á  R  N  I  Z  N  O  B  E  R
A  F  R  X  T  S  O  O  D  A  Z  Á  N  A
O  G  Á  P  L  E  K  O  T  Ő  A  L  F  T
F  C  L  J  Ó  N  S  X  P  P  T  Y  É  É
M  E  Y  Á  S  Y  N  E  K  A  A  O  L  G
H  J  H  T  F  R  X  L  E  S  N  K  I  I
J  Á  T  É  K  O  S  O  M  S  U  W  Z  A
S  E  D  K  R  G  R  S  S  Z  L  T  X  C
K  I  H  Í  V  Á  S  O  K  Í  N  X  Z  W
P  O  N  T  O  K  P  P  Z  V  I  J  K  E
K  I  R  Á  L  Y  N  Ő  N  C  J  E  C  D
```

ELLENFÉL	TANULNI
FEHÉR	PONTOK
BAJNOK	KIRÁLY
VERSENY	KIRÁLYNŐ
ÁTLÓS	SZABÁLYOK
JÁTÉKOS	ÁLDOZAT
JÁTÉK	KIHÍVÁSOK
OKOS	STRATÉGIA
FEKETE	IDŐ
PASSZÍV	TORNA

2 - Aggettivi #2

```
O  D  N  H  L  S  N  S  P  É  Y  B  P  K
É  Z  Z  Z  S  K  O  L  S  H  Y  S  T  Z
M  R  J  D  H  Í  R  E  S  E  R  Ő  S  G
É  M  D  L  E  D  M  Í  Z  S  F  A  J  E
K  D  V  E  W  Ú  Á  R  Á  Ó  U  O  H  F
D  R  E  S  K  J  L  Ó  R  S  G  A  I  E
S  Á  L  S  R  E  E  O  A  X  I  B  G  L
B  M  S  N  E  R  S  R  Z  F  P  U  H  E
T  A  M  I  A  E  L  E  G  Á  N  S  W  L
U  I  I  R  T  P  H  I  T  E  L  E  S  Ő
I  G  S  S  Í  A  H  A  O  S  F  G  A  S
L  G  X  Z  V  V  P  E  Y  F  D  W  L  A
T  M  J  N  T  E  R  M  E  L  Ő  X  F  Z
A  F  N  L  G  A  B  Ü  S  Z  K  E  L  K
```

ÉHES	ERŐS
SZÁRAZ	ÉRDEKES
HITELES	NORMÁL
KREATÍV	ÚJ
LEÍRÓ	BÜSZKE
ÉDES	TERMELŐ
DRÁMAI	TISZTA
ELEGÁNS	FELELŐS
HÍRES	SÓS

3 - Mobili

```
I  M  O  W  P  I  Z  Y  K  U  U  O  K  C
B  A  B  P  Y  C  G  A  G  X  G  I  A  T
F  T  F  X  S  Z  Ő  N  Y  E  G  P  M  Y
Ü  R  Ü  F  U  T  O  N  V  E  P  F  S  R
G  A  M  K  Ö  N  Y  V  E  S  P  O  L  C
G  C  Á  T  Ö  A  K  A  N  A  P  É  Á  Z
Ő  P  O  G  I  R  S  Z  É  K  Á  W  M  O
Á  O  Y  J  Y  M  F  G  N  G  R  S  P  K
G  L  D  W  J  O  J  O  R  R  N  C  A  F
Y  C  P  J  S  I  O  C  T  P  Á  R  N  A
P  O  L  H  E  R  Y  W  C  E  K  U  F  C
A  K  D  D  U  E  X  Z  N  D  L  J  J  L
D  K  N  I  V  Í  R  Ó  A  S  Z  T  A  L
M  L  P  D  F  Ü  G  G  Ö  N  Y  Ö  K  U
```

FÜGGŐÁGY	MATRAC
ARMOIRE	PAD
PÁRNÁK	FOTEL
PÁRNA	POLCOK
KANAPÉ	ÍRÓASZTAL
FUTON	SZÉK
LÁMPA	TÜKÖR
ÁGY	SZŐNYEG
KÖNYVESPOLC	FÜGGÖNYÖK

4 - Pesca

```
F  X  N  E  Z  I  O  Z  E  O  U  P  U  B
S  O  Y  M  O  M  N  C  S  A  L  I  S  Ó
Ú  O  L  K  O  P  O  L  T  Y  Ú  K  Z  C
L  F  T  Y  K  Y  T  K  R  M  T  N  O  E
Y  M  S  P  Ó  P  F  O  A  X  Ú  F  N  Á
S  Z  A  K  Á  C  S  S  N  R  L  Z  Y  N
H  A  J  Ó  S  N  I  Á  D  J  Z  P  O  D
Y  F  Y  E  V  V  J  R  U  H  Á  J  K  P
K  N  E  L  K  Í  A  O  K  O  S  J  M  E
A  D  K  J  U  X  Z  T  Ü  R  E  L  E  M
Z  P  R  Á  L  L  K  A  P  O  C  S  L  E
Z  X  A  Ó  P  E  D  S  T  G  W  S  R  R
C  W  T  Y  T  L  U  É  V  S  Z  A  K  N
G  E  Ó  F  E  L  S  Z  E  R  E  L  É  S
```

VÍZ	HOROG
FELSZERELÉS	TÓ
HAJÓ	ÁLLKAPOCS
KOPOLTYÚK	ÓCEÁN
KOSÁR	TÜRELEM
SZAKÁCS	SÚLY
TÚLZÁS	USZONYOK
CSALI	STRAND
DRÓT	ÉVSZAK
FOLYÓ	

5 - Aggettivi #1

```
A  M  B  I  C  I  Ó  Z  U  S  Ó  N  E  É
B  R  X  N  H  Z  L  Y  N  E  R  A  N  R
S  M  O  X  W  O  K  N  K  D  I  G  J  T
Z  Ű  R  M  S  S  S  X  K  R  Á  Y  I  É
O  V  A  P  Á  J  M  S  N  X  S  L  B  K
L  É  R  O  J  S  N  D  Z  N  I  E  L  E
Ú  S  O  F  I  A  T  A  L  Ú  U  L  A  S
T  Z  F  O  N  T  O  S  M  C  I  K  S  Ő
R  I  C  D  A  Z  O  N  O  S  D  Ű  S  S
O  X  N  B  A  O  J  W  D  M  D  R  Ú  Z
D  F  A  T  Ö  K  É  L  E  T  E  S  C  I
A  L  G  N  W  F  T  W  R  K  P  R  Y  N
R  T  Y  M  C  W  Z  Í  N  E  H  É  Z  T
V  É  K  O  N  Y  J  F  V  A  Z  J  L  E
```

AMBICIÓZUS	FONTOS
AROMÁS	LASSÚ
MŰVÉSZI	HOSSZÚ
ABSZOLÚT	MODERN
AKTÍV	ŐSZINTE
ÓRIÁSI	TÖKÉLETES
NAGYLELKŰ	NEHÉZ
FIATAL	ÉRTÉKES
NAGY	VÉKONY
AZONOS	

6 - Geologia

```
X L O Y J K W S A J S D K K
K L J B V M O W H S D P O A
Ő L K E D B M R P M U F N L
C S E P P K Ő W A H A Ö T C
G E J Z Í R F L W L X L I I
P H H S I L E Á Z R L D N U
J V U L K Á N V C É Z R E M
K F D O R A N A J T Ó E N B
C V Z F C K S S Ó E N N S A
S A A L I F Í A L G A U R
K B G R N K V J F J É O L
M M F K C E R Ó Z I Ó S B A
F O S S Z I L I S W C Y W N
E S Z T A L A G M I T O K G
```

SAV
FENNSÍK
KALCIUM
BARLANG
KONTINENS
KORALL
ERÓZIÓ
FOSSZILIS
GEJZÍR
LÁVA

KŐ
KVARC
SÓ
SZTALAGMITOK
CSEPPKŐ
RÉTEG
FÖLDRENGÉS
VULKÁN
ZÓNA

7 - Campeggio

```
G  H  H  B  J  B  R  W  T  W  A  Z  G  Y
M  E  K  O  Á  G  I  W  É  C  L  B  F  T
Ó  G  A  I  L  T  D  I  R  Á  N  Y  T  Ű
K  Y  L  J  L  D  Ű  V  K  A  B  I  N  T
A  D  A  Z  A  O  A  Z  É  D  Z  L  B  E
A  L  N  J  T  T  O  C  P  Z  T  F  H  R
I  Z  D  F  O  N  S  V  V  T  Y  Ü  N  M
F  Á  K  M  K  A  L  A  P  V  R  G  M  É
A  C  H  O  X  G  J  D  R  Y  W  G  F  S
A  O  L  T  O  W  B  Á  E  R  D  Ő  E  Z
K  E  N  U  Ó  S  F  S  I  O  W  Á  S  E
B  K  Ö  T  É  L  X  Z  A  V  I  G  O  T
S  Á  T  O  R  G  C  A  Y  A  C  Y  P  K
K  K  P  T  L  S  G  T  K  R  Y  Z  T  L
```

FÁK	MÓKA
FÜGGŐÁGY	ERDŐ
ÁLLATOK	TŰZ
KALAND	ROVAR
IRÁNYTŰ	TÓ
KABIN	HOLD
VADÁSZAT	TÉRKÉP
KENU	HEGY
KALAP	TERMÉSZET
KÖTÉL	SÁTOR

8 - Arti Visive

```
C E R U Z A Z A C K Ö K É K
H R U N Y N M K L E S R P R
P F M Z U T G U F R S E Í É
E E V P O R T R É Á Z A T T
R S U Z S W O L N M E T É A
S T E N C I L A Y I T I S G
P Ő A D M V L K K A É V Z Y
E Á V H Ű E I K É L T I E A
K L X U V S S A P J E T T G
T L V P É O F T S L L Á O O
Í V X Z S B N I E Z J S W K
V Á B T Z J S M L R M B H I
A N F A S Z É N L M M G Z E
F Y S Z O B O R P S Z Ű S S
```

ÉPÍTÉSZET
AGYAG
MŰVÉSZ
MESTERMŰ
FASZÉN
FESTŐÁLLVÁNY
VIASZ
KERÁMIA
ÖSSZETÉTEL
KREATIVITÁS

FILM
FÉNYKÉP
KRÉTA
CERUZA
TOLL
PERSPEKTÍVA
PORTRÉ
SZOBOR
STENCIL
LAKK

9 - Esplorazione

```
Á  L  L  A  T  O  K  P  Y  T  C  M  Z  V
I  S  M  E  R  E  T  L  E  N  T  D  W  A
T  E  V  É  K  E  N  Y  S  É  G  X  V  D
K  U  L  T  Ú  R  Á  K  K  R  B  H  C  V
P  I  I  Z  G  A  L  O  M  W  K  Z  S  E
Y  J  M  E  G  H  A  T  Á  R  O  Z  Á  S
L  A  F  E  L  F  E  D  E  Z  É  S  Ú  Z
T  É  R  U  R  A  X  N  M  W  J  S  J  É
U  L  A  U  A  Ü  U  T  A  Z  Á  S  Z  L
X  T  T  A  N  U  L  N  I  J  B  Z  G  Y
X  V  Y  C  M  E  B  T  N  Y  E  L  V  E
T  E  R  E  P  J  E  C  S  N  Z  P  V  K
R  E  E  H  L  V  E  S  Z  É  L  Y  E  S
X  I  U  B  Á  T  O  R  S  Á  G  C  K  V
```

ÁLLATOK	TANULNI
TEVÉKENYSÉG	VESZÉLYEK
BÁTORSÁG	VESZÉLYES
KULTÚRÁK	ISMERETLEN
MEGHATÁROZÁS	FELFEDEZÉS
IZGALOM	VAD
KIMERÜLTSÉG	TÉR
NYELV	TEREP
ÚJ	UTAZÁS

10 - Tempo

```
X  T  H  Ó  N  A  P  P  H  K  B  P  N  C
É  J  S  Z  A  K  A  I  U  D  N  E  A  S
R  Y  K  O  P  Z  E  L  Ő  T  T  R  P  C
B  E  J  U  P  O  F  L  J  F  Á  C  T  G
O  E  G  H  G  Ó  R  A  E  R  E  N  Á  C
T  D  H  G  O  T  D  N  É  V  E  S  R  B
M  A  V  T  E  G  N  A  P  X  B  Z  L  O
H  É  T  M  F  L  W  T  N  C  N  Á  J  C
A  I  A  A  N  V  J  U  E  N  G  Z  J  O
M  Y  L  V  X  X  B  B  U  E  E  A  S  J
A  O  D  T  H  D  W  Y  L  K  A  D  S  Ö
R  M  W  H  G  É  É  V  T  I  Z  E  D  V
R  H  G  U  D  L  V  K  Y  P  Y  H  T  Ő
H  U  E  M  D  G  H  Z  N  O  P  E  E  U
```

ÉV	DÉL
ÉVES	PERC
NAPTÁR	PILLANAT
ÉVTIZED	ÉJSZAKA
UTÁN	MA
JÖVŐ	ÓRA
NAP	HAMAR
TEGNAP	ELŐTT
REGGEL	SZÁZAD
HÓNAP	HÉT

11 - Astronomia

```
F  A  Á  G  Z  G  A  L  A  X  I  S  S  C
Ö  T  L  F  O  R  F  R  M  M  M  H  C  S
L  K  L  U  W  A  X  V  A  G  C  O  S  I
D  I  A  V  V  V  V  H  F  K  G  L  I  L
Z  M  T  D  M  I  S  K  G  O  É  D  L  L
S  S  Ö  B  E  T  R  Ö  U  Z  G  T  L  A
I  U  V  L  T  Á  Z  D  R  M  A  Á  A  G
V  É  G  I  E  C  B  F  F  O  X  V  G  Á
D  F  B  Á  O  I  F  O  J  S  D  C  K  S
G  K  J  S  R  Ó  V  L  L  Z  F  S  É  Z
W  P  L  J  W  Z  R  T  Z  Y  W  Ő  P  C
T  E  Z  J  T  Z  Á  G  C  B  G  V  M  Y
Ű  R  H  A  J  Ó  S  S  K  G  D  Ó  T  I
F  C  S  Z  U  P  E  R  N  Ó  V  A  A  K
```

ŰRHAJÓS	METEOR
CSILLAGÁSZ	KÖDFOLT
ÉGI	BOLYGÓ
ÉG	SUGÁRZÁS
KOZMOSZ	RAKÉTA
CSILLAGKÉP	SZUPERNÓVA
GALAXIS	TÁVCSŐ
GRAVITÁCIÓ	FÖLD
HOLD	ÁLLATÖV

12 - Circo

```
N  B  D  W  Y  D  M  B  T  S  K  Z  P  W
O  É  T  I  G  R  I  S  O  T  U  E  A  M
R  G  Z  F  Z  U  E  B  Y  H  L  N  R  J
O  O  U  Ő  M  H  V  W  Ű  Y  Ó  E  Á  E
S  Á  L  L  A  T  O  K  C  V  A  C  D  L
Z  E  É  Á  J  J  E  G  Y  A  É  J  É  M
L  L  G  T  O  K  Z  L  P  K  U  S  M  E
Á  E  G  V  M  Á  G  I  A  R  T  I  Z  Z
N  F  Ö  Á  O  H  C  U  K  O  R  K  A  G
U  Á  M  N  Y  A  K  P  I  B  Ü  S  M  B
X  N  B  Y  B  V  H  R  L  A  K  Á  K  F
X  T  Ö  O  N  F  Y  C  D  T  K  T  A  Z
T  I  K  S  P  Z  R  X  I  A  D  O  S  O
G  I  S  Z  S  O  N  G  L  Ő  R  R  O  Y
```

AKROBATA	BŰVÉSZ
ÁLLATOK	ZENE
JEGY	LÉGGÖMBÖK
CUKORKA	PARÁDÉ
BOHÓC	MAJOM
JELMEZ	LÁTVÁNYOS
ELEFÁNT	NÉZŐ
ZSONGLŐR	SÁTOR
OROSZLÁN	TIGRIS
MÁGIA	TRÜKK

13 - Mitologia

```
F R J E F F W S C H I K V V
E É R R C V W N V A S A A I
D D L Ő C O H T M L T T T L
A G F T N I B J R A E A E L
A L W Y É F T Z D N N S R Á
R M Á G I K U S S D S Z E M
C H B Z G U E O B Ó É T M S
H L O P I L N N H D G R T Z
E E S P M T S M Y J E Ó M Ö
T G S D R Ú M M Z S K F É R
Í E Z V E R N S P T É A N N
P N Ú U H A R C O S K G Y Y
U D D G Ő H I E D E L M E K
S A E W S T E R E M T É S T
```

ARCHETÍPUS	VILLÁM
TEREMTMÉNY	FÉLTÉKENYSÉG
TEREMTÉS	HARCOS
HIEDELMEK	LEGENDA
KULTÚRA	MÁGIKUS
KATASZTRÓFA	HALANDÓ
ISTENSÉGEK	SZÖRNY
HŐS	BOSSZÚ
ERŐ	

14 - Piante

```
S Z I R O M K S H P K P L L
P B A B J V A E K K A T O N
B O T A N I K A R K K A M Ö
B K F B F R D G R T T H B V
M O H A Ű Á V P N V U E O É
I R R S M G S W S T S J Z N
D I B O G Y Ó B C K Z Y A Y
I I S M S X F O R L V G T Z
O B Y N F T T K V A G Y X E
T R Á G Y A Y I T R A Ö U T
K M P E R D Ő Á E T S K H E
N Ő T N B T Y Y N M W É C Y
B A M B U S Z A K T F R B B
N Ö V É N Y V I L Á G A O S
```

FA	TRÁGYA
BOGYÓ	VIRÁG
BAMBUSZ	NÖVÉNYVILÁG
BOTANIKA	LOMBOZAT
KAKTUSZ	ERDŐ
BOKOR	KERT
NŐ	MOHA
BOROSTYÁN	SZIROM
FŰ	GYÖKÉR
BAB	NÖVÉNYZET

15 - Spezie

```
S  Ó  M  Y  H  F  P  G  H  W  Y  X  B  T
K  Á  V  H  A  A  V  A  N  Í  L  I  A  J
P  U  F  O  K  H  A  G  Y  M  A  D  M  F
C  U  R  R  Y  É  X  D  B  T  G  X  G  I
N  V  C  K  Á  J  K  E  S  E  R  Ű  B  U
O  B  J  R  U  N  K  A  R  D  A  M  O  M
C  M  J  D  R  M  Y  J  A  E  E  P  R  J
P  A  P  R  I  K  A  Á  N  I  Z  S  S  Y
C  W  S  Z  E  R  E  C  S  E  N  D  I  Ó
É  D  E  S  K  Ö  M  É  N  Y  C  O  N  V
H  D  K  O  R  I  A  N  D  E  R  H  A  N
É  D  E  S  G  Y  Ö  K  É  R  G  I  W  N
D  K  P  S  H  A  G  Y  M  A  U  G  S  U
K  Ö  M  É  N  Y  G  Y  Ö  M  B  É  R  E
```

FOKHAGYMA	ÉDES
KESERŰ	ÉDESKÖMÉNY
ÁNIZS	ÉDESGYÖKÉR
FAHÉJ	SZERECSENDIÓ
KARDAMOM	PAPRIKA
HAGYMA	BORS
KORIANDER	SÓ
KÖMÉNY	VANÍLIA
KURKUMA	SÁFRÁNY
CURRY	GYÖMBÉR

16 - Numeri

```
E  T  I  Z  E  N  N  Y  O  L  C  U  W  T
W  I  I  R  R  X  B  U  C  R  T  N  I  I
C  Z  S  Z  T  I  Z  E  N  H  É  T  X  Z
H  E  O  O  E  T  D  R  T  B  N  I  Y  E
H  N  M  S  G  D  R  K  I  L  E  N  C  N
Á  K  E  T  Ő  E  X  Z  E  Ö  T  O  H
R  I  O  S  P  E  F  S  E  N  U  L  L  A
O  L  S  K  R  S  J  F  N  Y  O  L  C  T
M  E  H  A  T  Y  G  R  Ö  I  C  X  U  J
Z  N  C  É  G  R  K  B  T  T  S  C  Z  H
K  C  A  X  T  I  Z  E  N  K  E  T  T  Ő
T  R  L  G  F  H  Ú  S  Z  N  É  G  Y  U
O  Í  T  I  Z  E  N  H  Á  R  O  M  A  C
Z  A  Z  T  I  Z  E  N  N  É  G  Y  O  X
```

ÖT	TIZENNÉGY
TIZEDES	NÉGY
TIZENKILENC	TIZENÖT
TIZENHÉT	TIZENHAT
TIZENNYOLC	HAT
TÍZ	HÉT
TIZENKETTŐ	HÁROM
KETTŐ	TIZENHÁROM
KILENC	HÚSZ
NYOLC	NULLA

17 - Cioccolato

```
Z  H  M  I  N  Ő  S  É  G  É  O  V  E  X
K  E  S  E  R  Ű  Ó  W  E  D  K  E  G  Ö
K  X  W  I  N  E  V  Z  R  E  Y  A  Z  S
A  Ó  K  Y  I  E  Á  A  E  S  S  R  O  S
K  K  K  C  K  R  R  N  C  Y  P  O  T  Z
A  A  A  U  I  Y  G  T  E  U  E  M  I  E
Ó  R  L  K  S  J  Á  I  P  S  N  A  K  T
C  A  Ó  O  C  Z  S  O  T  N  N  O  U  E
W  M  R  R  U  Z  D  X  H  P  I  D  S  V
S  E  I  K  K  N  F  I  N  O  M  E  F  Ő
U  L  A  A  O  V  J  D  Ó  R  K  D  Í  Z
D  L  Z  F  R  Z  T  Á  J  A  W  P  K  Z
K  E  D  V  E  N  C  N  A  J  Z  O  K  R
D  P  D  L  N  A  X  S  I  F  E  M  Y  M
```

KESERŰ
ANTIOXIDÁNS
AROMA
SÓVÁRGÁS
KAKAÓ
KALÓRIA
CUKORKA
KARAMELL
FINOM
ÉDES

EGZOTIKUS
ÍZ
ÖSSZETEVŐ
ENNI
KÓKUSZDIÓ
POR
KEDVENC
MINŐSÉG
RECEPT
CUKOR

18 - Guida

```
G  S  B  Ü  S  Z  Á  L  L  Í  T  Á  S  F
Á  G  U  J  Z  S  E  B  E  S  S  É  G  Y
Z  T  S  D  R  E  N  D  Ő  R  S  É  G  F
V  X  Z  B  R  Y  M  F  S  D  M  W  B  É
V  E  S  Z  É  L  Y  A  E  E  F  N  I  K
G  Y  A  L  O  G  O  S  N  F  S  K  Z  E
N  U  P  G  A  H  F  T  G  Y  B  V  T  K
K  X  C  F  L  Y  O  É  E  K  A  N  O  A
G  L  K  S  A  M  R  R  D  L  L  G  N  U
M  A  T  Z  G  W  G  K  É  V  E  E  S  T
K  O  R  M  Ú  T  A  É  L  H  S  O  Á  Ó
M  V  T  Á  T  E  L  P  Y  T  E  N  G  W
J  K  B  O  Z  B  O  J  N  W  T  B  U  F
P  H  V  H  R  S  M  J  F  B  Z  A  B  O
```

AUTÓ	GYALOGOS
BUSZ	VESZÉLY
ÜZEMANYAG	RENDŐRSÉG
FÉKEK	BIZTONSÁG
GARÁZS	ÚT
GÁZ	FORGALOM
BALESET	SZÁLLÍTÁS
ENGEDÉLY	ALAGÚT
TÉRKÉP	SEBESSÉG
MOTOR	

19 - Sport

```
M  K  U  Y  T  X  C  P  E  S  X  T  A  A
O  O  H  P  H  E  N  T  D  Y  K  M  T  W
Z  S  O  D  J  B  N  O  Z  E  G  O  L  F
G  Á  A  I  Á  A  R  I  Ő  G  S  T  É  C
Á  R  B  V  T  S  R  V  S  R  T  O  T  Z
S  L  A  K  É  E  Ú  P  N  Z  G  W  A  J
G  A  J  E  K  B  J  S  T  A  D  I  O  N
Y  B  N  R  O  A  Á  N  Z  S  G  B  T  D
Ő  D  O  É  S  L  T  O  R  N  A  M  K  J
Z  A  K  K  Y  L  É  E  U  D  I  S  B  J
T  Z  S  P  K  V  K  W  H  O  K  I  U  R
E  P  Á  Á  N  G  N  N  G  J  O  K  J  O
S  V  G  R  Z  C  S  A  P  A  T  B  Y  C
I  A  U  J  Á  T  É  K  V  E  Z  E  T  Ő
```

EDZŐ	JÁTÉK
JÁTÉKVEZETŐ	GOLF
ATLÉTA	HOKI
BASEBALL	MOZGÁS
KOSÁRLABDA	ÚSZNI
KERÉKPÁR	CSAPAT
BAJNOKSÁG	STADION
TORNA	TENISZ
JÁTÉKOS	GYŐZTES

20 - Giocattoli

```
H  Y  S  K  E  D  V  E  N  C  I  Z  B  K
G  X  Á  F  R  O  B  O  T  R  X  R  A  E
L  A  R  E  Z  B  P  U  Z  Z  L  E  B  R
A  E  K  S  K  O  I  E  W  Y  Z  P  A  É
B  J  Á  T  É  K  O  K  I  D  P  Ü  U  K
D  P  N  É  P  Ö  V  O  A  C  I  L  F  P
A  B  Y  K  Z  N  W  O  C  O  Ő  R  Á
K  T  Y  E  E  Y  L  K  N  I  Z  G  A  R
S  A  K  K  L  V  B  I  T  A  E  É  F  I
X  U  M  F  E  E  L  E  Y  D  T  P  A  C
L  T  J  I  T  K  D  F  H  O  F  K  G  R
K  Ó  R  P  O  D  W  H  P  A  B  M  Y  V
K  F  G  C  A  N  M  J  H  K  J  R  A  W
K  É  Z  M  Ű  V  E  S  S  É  G  Ó  G  K
```

REPÜLŐGÉP	JÁTÉKOK
SÁRKÁNY	KÉPZELET
AGYAG	KÖNYVEK
KÉZMŰVESSÉG	LABDA
AUTÓ	KEDVENC
BABA	PUZZLE
HAJÓ	ROBOT
DOBOK	SAKK
KERÉKPÁR	VONAT
KAMION	FESTÉKEK

21 - Uccelli

```
P  A  P  A  G  Á  J  O  H  T  Y  E  X  E
P  Á  Y  U  É  S  S  S  A  O  L  F  J  X
I  V  V  Y  M  D  H  I  T  J  F  L  D  P
N  G  U  A  V  S  U  R  T  Á  R  A  E  E
G  T  W  L  E  A  Ó  Á  Y  S  R  M  H  L
V  Ó  W  Y  R  S  X  L  Ú  B  O  I  U  I
I  D  L  S  É  C  T  Y  Y  O  Y  N  B  K
N  F  H  Y  B  B  N  Z  S  O  K  G  L  Á
T  E  Z  G  A  L  A  M  B  B  M  Ó  I  N
U  S  T  R  U  C  C  V  V  E  S  G  B  N
K  A  K  U  K  K  T  W  P  D  S  S  A  E
Á  J  U  C  S  I  R  K  E  K  A  C  S  A
N  N  N  R  A  E  F  E  E  E  T  B  Y  B
I  I  G  C  R  P  F  J  L  L  R  V  Z  T
```

GÉM	PAPAGÁJ
KACSA	VERÉB
SAS	PÁVA
GÓLYA	PELIKÁN
HATTYÚ	GALAMB
KAKUKK	PINGVIN
SÓLYOM	CSIRKE
FLAMINGÓ	STRUCC
SIRÁLY	TUKÁN
LIBA	TOJÁS

22 - Giorni e Mesi

```
J  N  F  F  J  F  V  Á  Y  N  A  P  E  S
Ú  A  U  H  H  Y  A  P  A  O  U  É  M  F
L  F  N  L  P  X  S  R  É  V  G  N  Y  S
I  J  Z  U  M  I  Á  I  K  E  U  T  M  Z
U  B  D  X  Á  Z  R  L  R  M  S  E  V  E
S  K  C  N  X  R  N  I  T  B  Z  K  Y  P
N  A  P  T  Á  R  A  S  A  E  T  N  T  T
M  F  P  D  M  O  P  I  S  R  U  W  V  E
O  K  T  Ó  B  E  R  B  J  Z  S  V  N  M
C  E  L  A  D  E  C  E  M  B  E  R  I  B
Z  D  Z  I  G  H  É  T  F  Ő  M  R  M  E
N  D  Z  V  U  N  É  H  Ó  N  A  P  D  R
J  Ú  N  I  U  S  U  T  B  R  U  O  Y  A
F  E  B  R  U  Á  R  S  Z  O  M  B  A  T
```

AUGUSZTUS	HÉTFŐ
ÉV	KEDD
ÁPRILIS	SZERDA
NAPTÁR	HÓNAP
DECEMBER	NOVEMBER
VASÁRNAP	OKTÓBER
FEBRUÁR	SZOMBAT
JANUÁR	SZEPTEMBER
JÚNIUS	HÉT
JÚLIUS	PÉNTEK

23 - Casa

```
P  G  A  H  M  O  F  X  R  G  E  V  K  J
A  A  J  T  Ó  R  M  G  U  C  T  Z  O  S
D  R  D  G  K  L  L  W  P  S  G  T  N  Z
L  Á  E  L  U  C  F  X  C  B  E  P  Y  O
Ó  Z  J  K  Á  S  Z  Ő  N  Y  E  G  H  B
O  S  N  A  S  S  L  Á  M  P  A  Z  A  A
A  V  M  N  M  E  N  N  Y  E  Z  E  T  K
Y  N  Z  D  W  K  U  W  X  O  K  T  Ü  Ö
Z  U  H  A  N  Y  E  J  X  B  E  L  K  N
S  W  A  L  Z  U  I  R  P  R  R  S  Ö  Y
O  E  U  L  A  S  F  A  T  F  Í  S  R  V
M  E  P  Ó  C  S  A  P  H  K  T  C  L  T
K  V  O  R  A  B  L  A  K  E  É  K  X  Á
H  V  X  F  Ű  T  E  T  Ő  F  S  Y  O  R
```

PADLÁS	FAL
KÖNYVTÁR	PADLÓ
SZOBA	AJTÓ
KANDALLÓ	KERÍTÉS
KONYHA	CSAP
ZUHANY	SEPRŰ
ABLAK	MENNYEZET
GARÁZS	TÜKÖR
KERT	SZŐNYEG
LÁMPA	TETŐ

24 - Ristorante #1

```
F  M  F  N  U  B  D  Y  K  P  O  W  P  V
Ő  K  O  N  Y  H  A  L  G  E  W  D  V  R
S  C  G  C  S  I  R  K  E  O  N  H  C  I
Z  É  L  E  L  M  I  S  Z  E  R  Y  Ú  W
E  U  A  D  E  S  S  Z  E  R  T  P  É  S
R  D  L  T  B  Y  S  A  N  P  N  K  A  R
E  K  Á  Á  C  K  K  S  M  É  C  F  L  S
S  F  S  L  L  Y  T  I  E  N  N  I  L  Z
P  I  N  C  É  R  N  Ő  N  Z  S  V  E  A
S  Z  Ó  S  Z  W  K  G  Ü  T  O  Y  R  L
P  A  K  S  S  P  G  A  T  Á  W  T  G  V
K  É  S  Á  T  Á  N  Y  É  R  V  S  I  É
B  N  W  Z  V  O  F  H  B  O  U  J  A  T
U  U  N  X  R  É  V  J  B  S  V  W  D  A
```

ALLERGIA	ENNI
KÁVÉ	MENÜ
PINCÉRNŐ	KENYÉR
HÚS	TÁNYÉR
PÉNZTÁROS	FŰSZERES
ÉLELMISZER	CSIRKE
TÁL	FOGLALÁS
KÉS	SZÓSZ
KONYHA	SZALVÉTA
DESSZERT	

25 - Fantascienza

```
G A L A X I S B W I Z R S J
T Ű Z U T Ó P I A L O O Z Ó
D E U L B O O T O L F B É S
Y H K G Z Z V G Y Ú U B L L
S R E Ö U G Z E L Z Y A S A
T E C H N O L Ó G I A N Ő T
O Á A H I Y R K N Ó Y Á S B
P L A T C B V O X W U S É O
I I M M O Z I E B X E I G L
A S J G W M H U K O C Z E Y
L D T D A V I L Á G T D S G
R E J T É L Y E S E S O N Ó
K É P Z E L E T B E L I K W
F U T U R I S Z T I K U S S
```

ATOMI
MOZI
DYSTOPIA
ROBBANÁS
SZÉLSŐSÉGES
TŰZ
FUTURISZTIKUS
GALAXIS
ILLÚZIÓ
KÉPZELETBELI

KÖNYVEK
REJTÉLYES
VILÁG
JÓSLAT
BOLYGÓ
REÁLIS
ROBOTOK
TECHNOLÓGIA
UTÓPIA

26 - Città

```
L G S T A D I O N N V L B E
O T S Z U P E R M A R K E T
K S E B Í S Z Á L L O D A S
U K P K Ö N Y V E S B O L T
B W R O B B H K B Z V C K D
R A Y M T R B Á C O J F Ö L
P E N A K P A Z Z N L G N E
É W P I A C N D N V J T Y G
K F J Ü O R K P I F R E V Y
S C G A L É R I A Z S S T E
É S M D D Ő I S K O L A Á T
G Y O H S C T T A Y M B R E
M Ú Z E U M V É Y H A K D M
K L I N I K A U R A V L A C
```

REPÜLŐTÉR	MÚZEUM
BANK	BOLT
KÖNYVTÁR	PÉKSÉG
MOZI	ISKOLA
KLINIKA	STADION
GALÉRIA	SZUPERMARKET
SZÁLLODA	SZÍNHÁZ
KÖNYVESBOLT	EGYETEM
PIAC	

27 - Virtù #1

```
D  T  K  E  B  F  K  Í  V  Á  N  C  S  I
S  Ö  I  R  F  Ü  V  B  F  O  M  X  H  E
Z  P  N  C  P  G  R  Ö  N  J  C  H  A  M
E  Z  T  T  G  G  A  L  B  Á  J  O  S  Ű
R  Z  E  F  Ő  E  H  C  B  J  Ó  G  Z  V
É  J  L  O  B  T  F  S  E  E  Z  Y  N  É
N  W  L  B  L  L  H  S  J  Z  T  C  O  S
Y  V  I  C  C  E  S  U  X  Y  B  E  S  Z
T  Z  G  L  X  N  H  W  V  F  F  O  G  I
I  H  E  G  Y  A  K  O  R  L  A  T  I  A
S  X  N  M  E  G  B  Í  Z  H  A  T  Ó  B
Z  N  S  Z  E  N  V  E  D  É  L  Y  E  S
T  H  A  T  É  K  O  N  Y  D  N  W  A  V
A  N  A  G  Y  L  E  L  K  Ű  W  B  P  I
```

BÁJOS
MEGBÍZHATÓ
SZENVEDÉLYES
MŰVÉSZI
JÓ
KÍVÁNCSI
DÖNTŐ
VICCES
HATÉKONY

NAGYLELKŰ
FÜGGETLEN
INTELLIGENS
SZERÉNY
BETEG
GYAKORLATI
TISZTA
BÖLCS
HASZNOS

28 - Compleanno

```
M  W  M  M  O  T  M  L  K  B  L  I  D  Ő
E  T  R  B  M  S  J  L  Ü  Ö  I  N  L  K
G  U  K  P  Z  Ó  E  B  L  L  A  A  W  Á
H  V  I  D  Á  M  K  O  Ö  C  J  P  P  R
Í  W  H  K  K  H  G  A  N  S  Á  R  U  T
V  E  Ü  Y  E  U  P  F  L  E  N  T  G  Y
Ó  P  N  Z  G  P  B  F  E  S  D  N  F  Á
K  O  N  H  N  F  Z  M  G  S  É  N  I  K
G  Y  E  R  T  Y  Á  K  E  É  K  A  A  T
T  N  P  É  D  M  H  M  S  G  E  P  T  O
J  Z  L  A  V  A  P  K  M  M  H  T  A  R
I  P  É  O  B  O  L  D  O  G  Z  Á  L  T
S  P  S  B  A  R  Á  T  O  K  Y  R  J  A
S  J  M  N  A  G  Y  Z  V  R  P  Z  R  I
```

BARÁTOK	NAP
ÉV	FIATAL
NAPTÁR	NAGY
GYERTYÁK	MEGHÍVÓK
DAL	AJÁNDÉK
KÁRTYÁK	BÖLCSESSÉG
ÜNNEPLÉS	KÜLÖNLEGES
MÓKA	IDŐ
BOLDOG	TORTA
VIDÁM	

29 - Fattoria #1

```
M  É  Z  J  W  X  K  M  V  T  R  A  H  A
E  M  X  Y  K  U  E  A  W  Í  N  X  I  C
Z  A  V  T  W  G  R  L  P  S  Z  É  N  A
Ő  C  M  É  H  V  Í  A  N  G  C  T  K  G
G  S  A  E  O  G  T  C  V  Y  K  T  J  H
A  K  G  V  Z  P  É  R  V  W  K  E  R  G
Z  A  O  M  D  Ő  S  E  Á  R  A  H  V  K
D  E  K  K  E  C  S  K  E  G  M  É  L  U
A  R  I  Z  S  S  Z  L  Ó  V  Y  N  J  T
S  S  M  U  D  I  A  N  O  U  A  A  A  Y
Á  N  N  X  T  R  M  Y  B  O  R  J  Ú  A
G  J  B  R  M  K  Á  Á  M  Y  W  E  B  B
E  O  P  S  V  E  R  J  Z  T  S  I  L  T
A  F  P  J  G  H  Y  A  L  G  K  I  O  M
```

VÍZ	MACSKA
MEZŐGAZDASÁG	NYÁJ
MÉH	MALAC
SZAMÁR	MÉZ
MEZŐ	TEHÉN
KUTYA	CSIRKE
KECSKE	KERÍTÉS
LÓ	RIZS
TRÁGYA	MAGOK
SZÉNA	BORJÚ

30 - Paesaggi

```
J  V  M  L  H  M  X  Z  F  Y  J  V  H  G
V  É  H  M  W  L  M  Z  É  N  R  Ö  T  T
E  G  G  E  J  Z  Í  R  L  D  N  L  J  D
P  V  E  H  C  M  O  C  S  Á  R  G  L  O
K  X  A  E  E  S  O  Á  Z  I  S  Y  C  M
N  P  S  G  P  G  G  I  I  S  V  T  Ó  B
B  K  L  Y  L  Y  Y  N  G  G  U  E  C  V
E  A  G  L  E  C  C  S  E  R  L  N  E  T
F  O  L  Y  Ó  V  S  S  T  M  K  G  Á  B
V  Í  Z  E  S  É  S  T  K  U  Á  E  N  Y
S  I  V  A  T  A  G  K  R  K  N  R  L  T
B  A  R  L  A  N  G  H  X  A  J  D  F  J
V  S  Z  I  G  E  T  N  K  U  N  E  R  J
C  D  A  L  A  E  K  X  D  A  C  D  L  A
```

VÍZESÉS	TENGER
DOMB	HEGY
SIVATAG	OÁZIS
FOLYÓ	ÓCEÁN
GEJZÍR	MOCSÁR
GLECCSER	FÉLSZIGET
BARLANG	STRAND
JÉGHEGY	TUNDRA
SZIGET	VÖLGY
TÓ	VULKÁN

31 - Ristorante #2

```
T  S  O  A  P  P  M  O  I  P  A  T  F  T
U  O  F  X  C  V  S  S  B  V  T  K  V  O
A  B  J  C  S  A  L  Á  T  A  Í  F  P  R
P  Z  É  Á  Ó  C  E  B  É  D  V  Z  I  T
I  X  G  N  S  S  L  E  V  E  S  T  S  A
N  C  Z  E  I  O  Ő  F  I  N  O  M  H  G
C  J  W  O  A  R  É  Ű  I  S  Z  É  K  Y
É  V  I  L  L  A  T  S  E  M  V  O  A  Ü
R  W  M  T  F  K  E  Z  C  B  B  N  N  M
Y  J  D  H  A  L  L  E  Z  W  N  M  Á  Ö
X  C  B  B  H  L  G  R  I  Z  B  L  L  L
K  E  I  C  E  O  Y  E  O  H  C  O  C  C
D  C  Y  R  P  G  P  K  L  E  O  D  P  S
C  F  Y  A  A  Z  Ö  L  D  S  É  G  E  K
```

VÍZ	SALÁTA
ELŐÉTEL	LEVES
ITAL	HAL
PINCÉR	EBÉD
VACSORA	SÓ
KANÁL	SZÉK
FINOM	FŰSZEREK
VILLA	TORTA
GYÜMÖLCS	TOJÁS
JÉG	ZÖLDSÉGEK

32 - Giardino

```
G U U V I R Á G U I H J U G
A Y Z F X D L Y Z O A P F E
R H Ü P R F A O T U G A P R
Á A W M W Z P M A R Y M Z E
Z T G T Ö J Á O L M E S G B
S B Z K H L T K A S P L V L
F O O E A L C E J B S V T Y
A K E R Í T É S R F Ű P A E
Z O N T Ö M L Ő Ö A A A V S
T R A M B U L I N S S D A Z
K F Ü G G Ő Á G Y D G Z C Ő
I Z I R H K R Y G X A Z S L
T N K C E O N N D L H W K Ő
G K G P B T F N Y I U O A U
```

FA	PAD
FÜGGŐÁGY	GYEP
BOKOR	GEREBLYE
FŰ	KERÍTÉS
GYOMOK	TAVACSKA
VIRÁG	TALAJ
GYÜMÖLCSÖS	TERASZ
GARÁZS	TRAMBULIN
KERT	TÖMLŐ
LAPÁT	SZŐLŐ

33 - Frutta

```
Z Ő V T L N E N O V A K B C
R S D K S Z E D E R C Ö O S
S Z I L V A W K I V I R G E
Á I N A T U P W T O J T Y R
R B N D M K X I P A M E Ó E
G A Y M M Á L N A N R Z F S
A R E N A C J O P A J I A Z
B A N Á N N E B A N H V N N
A C A B H C G M J Á N I W Y
R K X A R C W Ó A S I W S E
A V O K Á D Ó Z S Z Ő L Ő Y
C I T R O M X E A L M A S O
K L U U X D N A R A N C S P
F A R N G S A U V N W W Z R
```

SÁRGABARACK	MANGÓ
ANANÁSZ	ALMA
NARANCS	DINNYE
AVOKÁDÓ	SZEDER
BOGYÓ	NEKTARIN
BANÁN	PAPAJA
CSERESZNYE	KÖRTE
KIVI	ŐSZIBARACK
MÁLNA	SZILVA
CITROM	SZŐLŐ

34 - Fattoria #2

```
B K B I K F E Á A K F N B J
L Á A C É L E L M I S Z E R
T E R C V F T L M T E J K É
I O C Á S C G A K K C U G T
N B B R N A S T R W S H T G
A Y Ú Z G Y O O S L V K F A
P Á S Z T O R K G Á R P A Z
Z F J P A E X A Y P E A F D
T R A K T O R C Ü Z U J M A
Ö N T Ö Z É S M M C C T É W
G Y Ü M Ö L C S Ö S W A H Y
K U K O R I C A L I B Á K I
L Á M A K E D V C P B B A B
L A X R N G H O S C D D S A
```

BÁRÁNY	ÖNTÖZÉS
GAZDA	LÁMA
MÉHKAS	TEJ
KACSA	KUKORICA
ÁLLATOK	LIBÁK
ÉLELMISZER	ÁRPA
PAJTA	PÁSZTOR
GYÜMÖLCS	JUH
GYÜMÖLCSÖS	RÉT
BÚZA	TRAKTOR

35 - Dinosauri

```
E  Ő  H  A  T  A  L  M  A  S  X  S  H  R
I  S  F  A  R  O  K  E  L  T  Ű  N  É  S
B  K  X  G  F  M  F  F  A  J  P  M  S  J
T  O  R  A  P  T  O  R  Ö  K  V  É  W  S
M  R  E  R  Ő  S  M  Z  T  L  V  R  I  Z
H  I  V  V  Z  I  D  K  T  F  D  E  Z  Á
Ú  Ü  O  M  A  M  U  T  L  A  N  T  S  R
S  J  L  M  I  N  D  E  N  E  V  Ő  Á  N
E  Z  Ú  L  N  H  P  V  K  A  R  I  K  Y
V  N  C  M  Ő  A  M  I  X  G  N  O  M  A
Ő  U  I  P  A  Z  G  O  N  O  S  Z  Á  K
U  K  Ó  N  P  U  I  Y  K  K  F  R  N  Y
N  Ö  V  É  N  Y  E  V  Ő  U  E  W  Y  A
Z  J  F  N  F  O  S  S  Z  Í  L  I  Á  K
```

SZÁRNYAK	ERŐS
HÚSEVŐ	ZSÁKMÁNY
FAROK	ŐSKORI
HATALMAS	RAPTOR
NÖVÉNYEVŐ	HÜLLŐ
EVOLÚCIÓ	ELTŰNÉS
FOSSZÍLIÁK	FAJ
NAGY	MÉRET
MAMUT	FÖLD
MINDENEVŐ	GONOSZ

36 - Verdure

```
F M A S P A R A D I C S O M
O O R Á B O R S Ó G T W R B
K G T R U B O R K A D G E N
H Y I G O M B A S A L Á T A
A O C A S K O W F H S Z E B
G R S R P H B E A H Z E K R
Y Ó Ó É E A A U P M S L D O
M H K P N I D G R E O L Z K
A A A A Ó N H L Y G J E L K
B G Y F T Ö K P I M O R D O
G Y Ö M B É R F Z Z A N W L
P M E P B F D S U A S V Y I
U A F E H É R R É P A Á H A
P E T R E Z S E L Y E M N Y
```

FOKHAGYMA
BROKKOLI
ARTICSÓKA
SÁRGARÉPA
UBORKA
HAGYMA
GOMBA
SALÁTA
PADLIZSÁN
BURGONYA

BORSÓ
PARADICSOM
PETREZSELYEM
FEHÉRRÉPA
RETEK
MOGYORÓHAGYMA
ZELLER
SPENÓT
GYÖMBÉR
TÖK

37 - Scuola #2

```
V M Z P J O A O T W Z U T G
O V Y G Á K Y D L C U R U Z
I L W R T T L O B V T N D J
R P L G É A C F U O A F O S
O N C Ó K T V J S V N S M K
D E O C O Á P R Z M Á J Á G
A P Z B K S G C V B R Y N S
L A K A D É M I A I F O Y E
O P C I H M L P V J P L N N
M Í I E F T J Ő K E A O I A
B R I E R K Ö N Y V T Á R P
Y I A I F U K Ö N Y V E K T
R G O U L P Z S Z Ó T Á R Á
R N Y E L V T A N Z L V O R
```

AKADÉMIAI
BUSZ
KÖNYVTÁR
NAPTÁR
PAPÍR
SZÓTÁR
OKTATÁS
OLLÓ
JÁTÉKOK

NYELVTAN
TANÁR
IRODALOM
OLVASÁS
KÖNYVEK
CERUZA
CIPŐ
TUDOMÁNY

38 - Barbecue

É	E	L	M	I	S	Z	E	R	T	J	É	J	
J	I	F	O	B	B	D	M	F	A	N	E	H	C
P	A	R	A	D	I	C	S	O	M	Y	B	S	S
F	E	S	Y	T	A	S	A	R	E	Á	É	É	A
J	K	Z	R	E	A	I	L	R	G	R	D	G	L
P	F	Ó	Z	K	T	R	Á	Ó	H	V	R	Y	Á
J	I	S	E	É	M	K	T	J	Í	A	I	Ü	D
W	Á	Z	N	S	H	E	Á	F	V	C	T	M	G
Z	S	T	E	E	I	A	K	N	Á	S	I	Ö	B
U	S	W	É	K	S	C	G	W	S	O	G	L	O
X	G	C	T	K	U	H	R	Y	F	R	A	C	R
T	A	M	B	J	O	X	I	R	M	A	P	S	S
K	I	B	R	R	S	K	L	C	A	A	X	C	G
G	Y	Y	V	S	D	Ó	L	U	O	A	V	D	L

FORRÓ
VACSORA
ÉLELMISZER
HAGYMA
KÉSEK
NYÁR
ÉHSÉG
CSALÁD
GYÜMÖLCS
JÁTÉKOK

GRILL
SALÁTÁK
MEGHÍVÁS
ZENE
BORS
CSIRKE
PARADICSOM
EBÉD
SÓ
SZÓSZ

39 - Riempire

```
K O F I Ó K R S S J U V B Z
D O B O Z Á N V T Y J P E F
Ü Z S E B D U Z K T Á S K A
L V E Á Ő E U H A J Ó L H A
L F E X R I B O R Í T É K M
Á G J G Ö K E R T V Ö D Ö R
D R E X N Z H D O M A P P A
A U Z V D T Y Ó N S B A C R
I K U K V Á W Y J Z C H N E
K P N F I L V Á Z A F C N S
M K M S L C S O M A G S K W
B H B V U A P A S R N Ő C N
B O A M U R B P J E P I L I
Y V T Z F R F Y F U O A S J
```

HORDÓ	CSOMAG
TÁSKA	DOBOZ
ÜVEG	VÖDÖR
BORÍTÉK	ZSEB
MAPPA	CSŐ
KARTON	BŐRÖND
LÁDA	KÁD
FIÓK	VÁZA
KOSÁR	TÁLCA
HAJÓ	

40 - Insetti

```
V  K  J  N  S  L  F  É  R  E  G  Y  C  L
D  A  R  Á  Z  S  Á  X  N  U  D  B  T  W
W  B  B  D  I  G  G  R  C  P  C  E  W  H
J  Ó  O  A  T  T  I  X  V  L  D  B  N  R
C  C  G  H  A  N  G  Y  A  A  M  O  L  Y
T  A  Á  S  K  U  R  H  W  Y  É  L  P  U
C  E  R  I  Ö  L  I  D  Y  G  H  H  E  Z
S  S  R  H  T  G  S  B  W  Z  K  A  E  A
Z  J  Ó  M  Ő  L  E  V  É  L  T  E  T  Ű
Ö  C  S  T  E  P  I  L  L  A  N  G  Ó  T
C  A  V  C  Á  S  Á  S  K  A  P  I  O  V
S  M  J  M  M  N  Z  S  Z  Ú  N  Y  O  G
K  T  L  H  G  Y  Y  X  G  J  P  P  T  R
E  K  A  T  I  C  A  B  O  G  Á  R  X  H
```

LEVÉLTETŰ	LÁRVA
MÉH	SZITAKÖTŐ
SZÖCSKE	SÁSKA
KABÓCA	BOLHA
KATICABOGÁR	CSÓTÁNY
BOGÁR	TERMESZ
MOLY	FÉREG
PILLANGÓ	DARÁZS
HANGYA	SZÚNYOG

41 - Erboristeria

```
R O Z M A R I N G A O P K L
P Z K O N Y H A I N P E A F
M U Ö S S Z E T E V Ő T K O
A E K L M I N Ő S É G R U K
J S N P D M N L S R N E K H
O Á G T E K A P O R X Z K A
R F W I A Z V I R Á G S F G
Á R N B R V Y C E W N E Ű Y
N Á K R O I Y P G A N L M M
N N O G M J T W Á I A Y R A
A Y J T Á R K O N Y G E K T
K E R T S R Z P Ó G T M B W
É D E S K Ö M É N Y M X C N
L E V E N D U L A C I O W U
```

FOKHAGYMA
KAPOR
AROMÁS
KONYHAI
TÁRKONY
ÉDESKÖMÉNY
VIRÁG
KERT
ÖSSZETEVŐ
LEVENDULA

MAJORÁNNA
MENTA
OREGÁNÓ
PETREZSELYEM
MINŐSÉG
ROZMARING
KAKUKKFŰ
ZÖLD
SÁFRÁNY

42 - Danza

```
P  R  I  G  L  L  V  T  T  M  B  N  N  R
F  H  V  Z  Y  P  I  K  E  K  P  J  X  S
F  C  E  F  T  L  D  R  U  S  U  A  B  K
V  B  M  O  Z  G  Á  S  W  L  T  I  N  P
Z  U  L  M  P  O  M  P  A  R  T  N  E  R
K  U  L  T  U  R  Á  L  I  S  S  Ú  L  Ó
Y  L  S  G  K  É  R  Z  E  L  E  M  R  B
Y  W  G  V  R  I  Y  C  J  C  D  T  I  A
L  P  S  L  L  O  F  Z  G  Z  D  N  T  C
A  M  Ű  V  É  S  Z  E  T  E  C  F  M  V
A  K  A  D  É  M  I  A  J  M  I  H  U  M
K  E  G  Y  E  L  E  M  I  E  N  J  S  A
K  L  A  S  S  Z  I  K  U  S  Z  E  N  E
H  A  G  Y  O  M  Á  N  Y  O  S  Ő  A  T
```

AKADÉMIA	KIFEJEZŐ
MŰVÉSZET	VIDÁM
KLASSZIKUS	KEGYELEM
PARTNER	MOZGÁS
TEST	ZENE
KULTÚRA	PRÓBA
KULTURÁLIS	RITMUS
ÉRZELEM	HAGYOMÁNYOS

43 - Scuola #1

```
K  I  V  Á  L  A  S  Z  O  K  Í  Z  M  L
I  Ö  Á  B  É  C  É  P  A  P  Í  R  F  C
C  K  N  L  C  X  O  N  Y  W  O  S  N  H
E  J  S  Y  A  O  V  R  J  V  T  R  K  I
S  B  Z  J  V  V  I  Z  S  G  Á  K  P  B
Z  C  É  Y  B  T  A  N  T  E  R  E  M  A
Á  E  K  D  K  O  Á  T  A  N  Á  R  A  R
M  R  K  W  Ö  L  M  R  Y  A  M  R  P  Á
O  U  L  N  N  L  L  H  M  M  K  D  P  T
K  Z  Z  D  Y  G  L  X  Y  Z  L  I  Á  O
K  A  U  X  V  M  Ó  K  A  G  F  K  K  K
V  R  I  S  E  Í  R  Ó  A  S  Z  T  A  L
Í  P  K  C  K  Y  U  D  Y  X  N  E  G  E
Z  M  A  T  E  M  A  T  I  K  A  A  V  P
```

ÁBÉCÉ	MATEMATIKA
BARÁTOK	CERUZA
TANTEREM	SZÁMOK
KÖNYVTÁR	TOLL
PAPÍR	EBÉD
MAPPÁK	KVÍZ
MÓKA	VÁLASZOK
VIZSGÁK	ÍRÓASZTAL
TANÁR	ÍRNI
KÖNYVEK	SZÉK

44 - Fiori

```
L O J T L T L V I M U X J K
E R Á U A G Ó H P A B T E P
V C Z L I A H W B G K Z C O
E H M I R R E S M N Z S N L
N I I P T D R D X Ó S J A I
D D N Á Z É E G V L J O P L
U E D N M N Á R C I S Z R I
L A Z C Á I Y O V A S J A O
A S E X K A C S O K O R F M
S Z Á Z S Z O R S Z É P O H
H I B I S Z K U S Z R U R Z
L R Ó Z S A G V K X Z F G V
P O P L U M E R I A J L Ó P
Z M G O L G O T A V I R Á G
```

GARDÉNIA
JÁZMIN
LILIOM
NAPRAFORGÓ
HIBISZKUSZ
LEVENDULA
MAGNÓLIA
SZÁZSZORSZÉP
CSOKOR

NÁRCISZ
ORCHIDEA
MÁK
GOLGOTAVIRÁG
SZIROM
PLUMERIA
RÓZSA
LÓHERE
TULIPÁN

45 - Ecologia

```
É  A  S  K  G  M  J  C  C  K  S  S  N  É
L  S  V  Ö  R  F  O  A  G  D  A  O  Ö  G
Ő  Z  H  Z  T  J  Y  C  B  B  U  K  V  H
H  Á  K  Ö  C  W  S  F  S  A  T  F  É  A
E  L  Z  S  L  R  K  A  G  Á  E  É  N  J
L  Y  L  S  L  X  F  U  L  T  R  L  Y  L
Y  K  T  É  R  J  A  N  O  Ú  M  E  V  A
T  E  N  G  E  R  I  A  B  L  É  S  I  T
E  R  S  E  F  L  V  S  Á  É  S  É  L  F
G  Y  Y  K  W  D  U  M  L  L  Z  G  Á  A
N  Ö  V  É  N  Y  E  K  I  É  E  P  G  J
F  A  J  T  A  C  V  O  S  S  T  J  G  V
N  Ö  V  É  N  Y  Z  E  T  C  C  L  G  Y
T  E  R  M  É  S  Z  E  T  E  S  B  M  X
```

ÉGHAJLAT	TERMÉSZETES
KÖZÖSSÉGEK	MOCSÁR
SOKFÉLESÉG	NÖVÉNYEK
FAUNA	ASZÁLY
NÖVÉNYVILÁG	TÚLÉLÉS
GLOBÁLIS	FAJ
ÉLŐHELY	FAJTA
TENGERI	NÖVÉNYZET
TERMÉSZET	

46 - Discipline Scientifiche

```
C  S  I  L  L  A  G  Á  S  Z  A  T  I  W
B  I  O  K  É  M  I  A  I  S  N  E  M  F
E  U  N  I  U  I  S  N  Z  Z  D  R  M  I
K  S  E  S  F  F  B  A  F  O  D  M  U  Z
B  C  U  D  U  I  N  T  Z  C  G  O  N  I
C  I  R  Ö  K  O  L  Ó  G  I  A  D  O  O
E  M  O  K  O  Y  C  M  E  O  R  I  L  L
L  T  L  L  É  G  X  I  O  L  É  N  Ó  Ó
P  R  Ó  M  Ó  M  S  A  L  Ó  G  A  G  G
L  I  G  A  C  G  I  O  Ó  G  É  M  I  I
H  Y  I  T  U  N  I  A  G  I  S  I  A  A
S  V  A  F  Y  P  E  A  I  A  Z  K  W  W
B  O  T  A  N  I  K  A  A  A  E  A  C  B
N  Y  E  L  V  É  S  Z  E  T  T  F  V  A
```

ANATÓMIA	FIZIOLÓGIA
RÉGÉSZET	GEOLÓGIA
CSILLAGÁSZAT	IMMUNOLÓGIA
BIOKÉMIA	NYELVÉSZET
BIOLÓGIA	NEUROLÓGIA
BOTANIKA	SZOCIOLÓGIA
KÉMIA	TERMODINAMIKA
ÖKOLÓGIA	

47 - Scienza

```
T  M  M  O  L  E  K  U  L  Á  K  J  P  E
E  E  R  É  S  Z  E  C  S  K  É  K  K  K
R  G  A  N  Ö  V  É  N  Y  E  K  Z  L  G
M  F  T  D  K  É  M  I  A  I  S  L  A  R
É  I  F  É  A  P  K  D  G  O  H  E  B  A
S  G  I  T  N  T  Í  U  V  W  A  V  O  V
Z  Y  Z  U  D  Y  S  U  S  M  G  O  R  I
E  E  I  D  J  U  É  G  H  A  J  L  A  T
T  L  K  Ó  J  U  R  A  I  V  H  Ú  T  Á
L  É  A  S  F  Z  L  J  P  H  X  C  Ó  C
A  S  Z  E  R  V  E  Z  E  T  A  I  R  I
U  T  H  I  P  O  T  É  Z  I  S  Ó  I  Ó
F  F  O  S  S  Z  I  L  I  S  E  R  U  P
A  W  Z  M  Ó  D  S  Z  E  R  A  Y  M  S
```

ATOM	HIPOTÉZIS
KÉMIAI	LABORATÓRIUM
ÉGHAJLAT	MÓDSZER
ADAT	MOLEKULÁK
KÍSÉRLET	TERMÉSZET
EVOLÚCIÓ	SZERVEZET
TÉNY	MEGFIGYELÉS
FIZIKA	RÉSZECSKÉK
FOSSZILIS	NÖVÉNYEK
GRAVITÁCIÓ	TUDÓS

48 - Acqua

```
K A S M V X W F Á B D I Ö H
X Y F O L Y Ó A N R S I N U
X E O N F J É G E I V W T R
R S U S L A L Y D U M Í Ö R
G F F Z S G B H V V X P Z I
O S R U F M D Y E U Z Á É K
L L C N E D V E S S F R S Á
H U L L Á M O K S I Ő O G N
U Ó G E J Z Í R É H U L Ő R
C S A T O R N A G A O G Z V
E Y F O I T H A X T C Á L X
R D F V W H W K V Ó A S J D
Ó C E Á N X T S O T Ó R X W
Z U H A N Y B Z J C F V W B
```

ÁRVÍZ	MONSZUN
CSATORNA	HÓ
ZUHANY	ÓCEÁN
PÁROLGÁS	HULLÁMOK
FOLYÓ	ESŐ
FAGY	IHATÓ
GEJZÍR	NEDVESSÉG
JÉG	NEDVES
ÖNTÖZÉS	HURRIKÁN
TÓ	GŐZ

49 - Gatti

```
V H J A V V E R P V A H Y V
B F B E H C E C D F A R O K
G Y O R S X K I I T L J V I
A R F V N A E I B I V Á A S
H W S G S Z Ő R M E Á T D F
K A R O M X V R Z F S É Á Ü
V Í I P S S L A Ü É B K S G
I E V I M D I G D L A O Z G
C F D Á A P J L T É T S X E
C U F O N A L S I N R J E T
E G É R C C P E I K R L M L
S D L Y S Z S D K K M J P E
S Z E M É L Y I S É G I G N
O Y Z C T E U G S M T S T X
```

KAROM	ŐRÜLT
VADÁSZ	SZŐRME
FAROK	SZEMÉLYISÉG
KÍVÁNCSI	KIS
VICCES	VAD
ALVÁS	FÉLÉNK
FONAL	EGÉR
JÁTÉKOS	GYORS
FÜGGETLEN	MANCS

50 - Surf

```
T  T  V  K  L  H  X  T  K  L  F  G  N  S
S  Ö  J  R  F  U  K  V  I  N  H  Y  É  Z
E  Z  M  I  O  L  T  B  L  V  F  O  P  É
B  D  T  E  U  L  V  V  U  S  T  M  S  L
E  M  S  D  G  Á  A  M  I  G  M  O  Z  S
S  V  Ó  N  D  M  Ó  C  E  Á  N  R  E  Ő
S  G  G  K  E  Z  D  Ő  U  D  M  Ú  R  S
É  N  G  H  A  B  S  T  Í  L  U  S  Ű  É
G  I  E  K  T  L  K  T  Z  N  I  Z  T  G
B  K  R  W  L  S  C  O  R  D  N  N  F  E
F  G  Ő  X  É  F  N  Y  V  A  L  I  B  S
E  P  Z  Á  T  O  N  Y  B  W  N  T  J  J
D  J  O  H  A  S  P  R  A  Y  F  D  O  C
B  A  J  N  O  K  I  D  Ő  J  Á  R  Á  S
```

ATLÉTA	NÉPSZERŰ
BAJNOK	KEZDŐ
MÓKA	HAB
SZÉLSŐSÉGES	ZÁTONY
TÖMEG	STRAND
ERŐ	SPRAY
IDŐJÁRÁS	STÍLUS
ÚSZNI	GYOMOR
ÓCEÁN	SEBESSÉG
HULLÁM	

51 - Imbarcazioni

```
H  U  L  L  Á  M  O  K  H  D  S  O  N  T
B  T  W  T  B  I  E  F  O  L  Y  Ó  Z  E
Ó  W  X  U  T  S  H  D  R  J  I  S  V  N
J  R  M  T  V  K  D  A  G  Á  L  Y  T  G
A  H  T  A  O  Ö  N  M  O  T  O  R  Ó  E
E  L  E  J  P  T  R  X  N  Á  N  Z  V  R
K  E  N  U  Ó  É  M  T  Y  D  R  G  I  É
O  G  G  L  C  L  D  T  K  A  J  B  T  S
M  É  E  M  E  C  V  J  A  C  H  T  O  Z
P  N  R  X  Á  G  T  X  J  N  K  R  R  C
F  Y  I  Y  N  T  Y  R  A  N  V  I  L  B
X  S  T  E  N  G  E  R  K  R  W  K  Á  P
R  É  H  W  R  M  K  U  I  D  P  V  S  D
W  G  J  R  N  V  Y  M  A  G  G  G  D  M
```

ÁRBOC	TENGER
HORGONY	DAGÁLY
VITORLÁS	TENGERÉSZ
BÓJA	MOTOR
KENU	TENGERI
KÖTÉL	ÓCEÁN
LEGÉNYSÉG	HULLÁMOK
FOLYÓ	KOMP
KAJAK	JACHT
TÓ	TUTAJ

52 - Api

```
N  E  L  Ő  N  Y  Ö  S  N  J  D  P  V  S
Ö  K  O  S  Z  I  S  Z  T  É  M  A  I  Z
V  F  E  T  P  L  A  N  T  Y  S  A  R  Á
É  Ü  P  V  W  A  D  H  C  O  D  Y  Á  R
N  S  O  K  F  É  L  E  S  É  G  É  G  N
Y  T  M  N  E  V  H  X  E  R  L  O  Y
E  G  É  É  T  R  V  I  C  T  A  E  K  A
K  Y  L  Y  Z  A  T  R  R  E  J  L  I  K
T  Ü  Ő  N  A  P  R  O  S  Á  B  M  R  D
Z  M  H  R  X  Y  A  V  G  P  G  I  Á  J
C  Ö  E  X  W  V  I  A  S  Z  W  S  L  U
T  L  L  I  U  Z  N  R  F  P  I  Z  Y  C
A  C  Y  E  I  N  T  P  O  L  L  E  N  T
M  S  E  K  A  P  T  Á  R  Z  S  R  Ő  X
```

SZÁRNYAK	FÜST
KAPTÁR	KERT
ELŐNYÖS	ÉLŐHELY
VIASZ	ROVAR
ÉLELMISZER	MÉZ
SOKFÉLESÉG	NÖVÉNYEK
ÖKOSZISZTÉMA	POLLEN
VIRÁGOK	KIRÁLYNŐ
VIRÁG	RAJ
GYÜMÖLCS	NAP

53 - Conservazione

```
V Á L T O Z Á S O K Z L A P
T W C Ú C M U V C E Ö W I E
É E S J S D V E H Y L A G S
O L D R Ö O N V V G D I P Z
K G Ő A K E G É S Z S É G T
T L R H K Ö R N Y E Z E T I
A M Y A E K Y S C G E R R C
T A V S N L X U Z I G O M I
Á M K Z T H Y R D E K Y J D
S W U N É D B F A T R L R O
G I A O S V B V C D T V U K
Ö K O S Z I S Z T É M A E S
D T V Í Z É G H A J L A T S
Y B F T E R M É S Z E T E S
```

VÍZ	TERMÉSZETES
KÖRNYEZETI	SZERVES
VÁLTOZÁSOK	PESZTICID
CIKLUS	ÚJRAHASZNOSÍT
ÉGHAJLAT	CSÖKKENTÉS
ÖKOSZISZTÉMA	EGÉSZSÉG
OKTATÁS	ZÖLD
ÉLŐHELY	

54 - Strumenti Musicali

```
I  S  C  K  G  O  K  D  H  H  Y  U  V  C
V  Z  E  L  I  W  H  R  O  Á  H  A  U  S
A  A  A  A  T  F  A  B  Y  B  R  S  J  Ö
O  X  U  R  Á  H  R  O  W  Z  Z  F  P  R
B  O  M  I  R  M  A  B  S  O  L  O  A  G
O  F  A  N  T  A  N  R  L  N  O  W  N  Ő
A  O  R  É  R  N  G  H  S  G  X  C  B  D
H  N  I  T  O  D  J  S  T  O  F  O  S  O
E  R  M  G  M  O  Á  V  B  R  N  I  C  B
G  X  B  F  B  L  T  P  B  A  X  A  J  J
E  T  A  N  I  I  É  F  A  G  O  T  T  E
D  B  E  F  T  N  K  G  O  N  G  I  G  M
Ű  O  H  H  A  R  M  O  N  I  K  A  M  G
B  E  N  D  Z  S  Ó  F  U  V  O  L  A  Z
```

HARMONIKA	MARIMBA
HÁRFA	OBOA
BENDZSÓ	ZONGORA
HARANGJÁTÉK	SZAXOFON
GITÁR	CSÖRGŐDOB
KLARINÉT	DOB
FAGOTT	TROMBITA
FUVOLA	HARSONA
GONG	HEGEDŰ
MANDOLIN	

55 - Professioni #2

```
I  L  L  U  S  Z  T  R  Á  T  O  R  F  G
F  E  L  T  A  L  Á  L  Ó  J  R  F  I  P
E  R  M  S  A  A  O  E  Y  Y  V  B  L  I
Z  O  O  L  Ó  G  U  S  I  F  O  S  O  L
Ű  K  Ö  N  Y  V  T  Á  R  O  S  B  Z  Ó
K  R  G  X  T  A  V  O  T  F  I  Ó  T
E  U  H  N  Y  O  M  O  Z  Ó  E  O  F  A
R  C  T  A  N  Á  R  S  Y  S  S  L  U  M
T  M  T  A  J  U  E  T  E  Y  T  Ó  S  É
É  R  E  Y  T  Ó  N  F  F  B  Ő  G  E  R
S  C  M  M  H  Ó  S  J  S  K  É  U  B  N
Z  X  E  K  F  O  G  O  R  V  O  S  B  Ö
N  Y  E  L  V  É  S  Z  I  E  N  D  Z  K
K  Z  C  S  Ú  J  S  Á  G  Í  R  Ó  F  K
```

ŰRHAJÓS	ILLUSZTRÁTOR
KÖNYVTÁROS	MÉRNÖK
BIOLÓGUS	TANÁR
SEBÉSZ	FELTALÁLÓ
FOGORVOS	NYELVÉSZ
NYOMOZÓ	ORVOS
FILOZÓFUS	PILÓTA
FOTÓS	FESTŐ
KERTÉSZ	KUTATÓ
ÚJSÁGÍRÓ	ZOOLÓGUS

56 - Letteratura

```
L  V  T  E  M  V  Z  V  G  Y  P  C  O  A
M  E  T  A  F  O  R  A  I  T  Á  S  R  N
Ű  R  E  G  É  N  Y  P  E  É  R  Z  V  E
F  S  J  K  U  I  P  B  V  M  B  E  L  K
A  T  I  Ö  Y  U  N  D  N  A  E  R  C  D
J  Í  L  L  K  E  M  G  R  W  S  Z  N  O
É  L  E  T  R  A  J  Z  Í  D  Z  Ő  R  T
W  U  Í  Ő  W  E  L  E  M  Z  É  S  I  A
Y  S  R  I  T  U  I  A  J  R  D  J  T  E
K  T  Á  N  A  N  A  L  Ó  G  I  A  M  W
A  F  S  T  R  A  G  É  D  I  A  N  U  C
K  Ö  V  E  T  K  E  Z  T  E  T  É  S  P
V  É  L  E  M  É  N  Y  L  V  Y  P  G  K
H  I  K  R  I  T  I  K  A  J  E  N  I  F
```

ELEMZÉS	METAFORA
ANALÓGIA	VÉLEMÉNY
ANEKDOTA	VERS
SZERZŐ	KÖLTŐI
ÉLETRAJZ	RÍM
KÖVETKEZTETÉS	RITMUS
KRITIKA	REGÉNY
LEÍRÁS	STÍLUS
PÁRBESZÉD	TÉMA
MŰFAJ	TRAGÉDIA

57 - Cibo #2

```
B O S S T P L H R Z O R G K
K A L T H A L P P T L J S Y
S I N W R R G C S I R K E S
O P V Á G A O Z E L L E R B
N A J I N D M P X R B N O Ú
K D O X G I B P W I D Y T Z
A L G G K C A E I Z M É L A
V I H V V S N R P S S R M G
W Z U U S O A L M A Z A J E
D S R D W M O G L L Ő D D N
U Á T K U C S O K O L Á D É
T N T O J Á S A J T Ő V S X
C S E R E S Z N Y E Y P C V
F P B R O K K O L I V B W C
```

BANÁN	KENYÉR
BROKKOLI	HAL
CSERESZNYE	CSIRKE
CSOKOLÁDÉ	PARADICSOM
SAJT	SONKA
GOMBA	RIZS
BÚZA	ZELLER
KIVI	TOJÁS
ALMA	SZŐLŐ
PADLIZSÁN	JOGHURT

58 - Nutrizione

```
V E G É S Z S É G R Z S S T
C B J S E K Z G T W U Ú B Á
J A Í J P T M J U V A L V P
E K T Z I P H S K A Á Y K A
H F O L Y A D É K O K G Z N
F P X K R P W T L E A F Y Y
E V I T A M I N R H S D U A
H J N X A F Ű S Z E R E K G
É K A L Ó R I A J T E S R U
R I I Z E N Z L S Ő F Z I Ű
J E M É S Z T É S F I Ó B B
É E R J E S Z T É S S S G M
K E G É S Z S É G E S Z P S
D I É T A W T M I N Ő S É G
```

KESERŰ	SÚLY
ÉTVÁGY	FEHÉRJÉK
KALÓRIA	MINŐSÉG
EHETŐ	SZÓSZ
DIÉTA	EGÉSZSÉG
EMÉSZTÉS	EGÉSZSÉGES
ERJESZTÉS	FŰSZEREK
ÍZ	TOXIN
FOLYADÉKOK	VITAMIN
TÁPANYAG	

59 - Matematica

```
U  S  N  M  Ö  S  S  Z  E  G  X  Y  H  A
W  Z  É  E  G  Y  E  N  L  E  T  I  A  M
I  Á  G  R  E  Á  T  É  G  L  A  L  A  P
H  M  Y  Ő  O  T  I  I  S  Y  Z  F  H  Á
K  T  Z  L  M  M  U  N  Z  E  B  R  Á  R
I  A  E  E  E  É  U  O  I  E  W  A  R  H
T  N  T  G  T  R  G  Ö  M  B  D  D  O  U
E  I  K  E  R  Ő  P  S  M  T  K  E  M  Z
V  P  W  S  I  S  O  Z  E  Ö  E  L  S  A
Ő  R  M  W  A  Z  L  Ö  T  R  R  X  Z  M
N  J  A  F  T  Á  I  G  R  E  Ü  Y  Ö  O
J  H  Y  S  B  M  G  E  I  D  L  I  G  S
S  U  G  Á  R  O  O  K  A  É  E  F  D  O
M  B  L  E  I  K  N  H  K  K  T  X  O  F
```

SZÖGEK
SZÁMTAN
TIZEDES
ÁTMÉRŐ
EGYENLET
KITEVŐ
TÖREDÉK
GEOMETRIA
SZÁMOK
PÁRHUZAMOS

KERÜLET
MERŐLEGES
POLIGON
NÉGYZET
SUGÁR
TÉGLALAP
GÖMB
SZIMMETRIA
ÖSSZEG
HÁROMSZÖG

60 - Vacanza #1

```
P  D  A  R  Ú  T  V  O  N  A  L  U  D  K
D  B  B  C  E  X  P  E  D  Í  C  I  Ó  I
Ú  S  Z  N  I  P  T  U  R  I  S  T  A  K
F  N  H  A  N  M  Ü  V  A  L  U  T  A  A
J  V  L  E  D  E  Ú  L  G  P  V  R  B  P
E  E  X  M  U  N  H  Z  Ő  W  D  S  Ő  C
S  M  G  Z  L  N  K  P  E  G  V  Y  R  S
E  B  K  Y  Á  I  A  K  F  U  É  N  Ö  O
R  Z  X  Z  S  A  G  Z  V  Á  M  P  N  L
N  S  Z  R  N  U  D  X  Y  O  T  J  D  Ó
Y  J  T  E  N  T  A  K  Z  I  G  J  N  D
Ő  O  W  D  P  Ó  H  Z  Y  K  B  K  U  Á
H  T  Ó  B  M  I  V  I  L  L  A  M  O  S
H  Á  T  I  Z  S  Á  K  G  E  Z  H  X  H
```

REPÜLŐGÉP	ESERNYŐ
MENNI	INDULÁS
AUTÓ	KIKAPCSOLÓDÁS
JEGY	EXPEDÍCIÓ
VÁM	VILLAMOS
ÚTVONAL	TURISTA
TÓ	BŐRÖND
MÚZEUM	VALUTA
ÚSZNI	HÁTIZSÁK

61 - Meditazione

```
E  L  F  O  G  A  D  Á  S  M  B  T  M  V
N  G  O  N  D  O  L  A  T  O  K  E  E  M
U  Y  X  L  M  R  T  S  M  Z  E  S  G  K
D  G  U  É  D  C  Y  R  E  G  D  T  F  P
V  H  V  G  T  O  N  F  N  Á  V  T  I  E
S  Y  I  Z  O  E  X  P  T  S  E  A  G  R
F  R  L  É  V  D  T  H  Á  X  S  R  Y  S
C  I  Á  S  X  U  T  I  L  O  S  T  E  P
S  O  G  U  R  O  I  A  I  O  É  Á  L  E
E  J  O  Y  Y  M  M  B  S  Y  G  S  É  K
N  I  S  T  E  R  M  É  S  Z  E  T  S  T
D  E  S  H  Á  L  A  K  E  E  L  K  X  Í
J  V  Á  X  B  K  E  E  F  N  M  W  X  V
T  X  G  Y  A  B  M  M  U  E  E  N  A  A
```

ELFOGADÁS
FIGYELEM
NYUGODT
VILÁGOSSÁG
KEDVESSÉG
HÁLA
MENTÁLIS
ELME
MOZGÁS

ZENE
TERMÉSZET
MEGFIGYELÉS
BÉKE
GONDOLATOK
TESTTARTÁS
PERSPEKTÍVA
LÉGZÉS
CSEND

62 - Estate

```
I  N  T  S  T  R  A  N  D  J  Z  K  S  K
B  C  Y  J  E  E  J  N  W  H  E  E  Z  Ö
É  S  X  A  Ö  P  N  S  L  K  N  M  A  N
L  I  N  W  R  S  Z  G  U  B  E  P  B  Y
E  L  X  E  Ö  A  Z  D  E  A  M  I  A  V
L  L  C  K  M  J  L  J  A  R  L  N  D  E
M  A  B  U  T  A  Z  Á  S  Á  É  G  I  K
I  G  C  W  R  O  Z  T  S  T  K  J  D  D
S  O  J  S  X  K  P  É  W  O  E  V  Ő  J
Z  K  W  E  A  N  M  K  F  K  K  E  R  T
E  P  X  O  X  L  I  O  R  Z  F  M  A  U
R  Y  Z  P  N  P  Á  K  O  T  T  H  O  N
S  Z  A  N  D  Á  L  D  T  K  N  B  Z  U
B  Ú  V  Á  R  K  O  D  Á  S  R  S  B  U
```

BARÁTOK	TENGER
KEMPING	ZENE
OTTHON	EMLÉKEK
ÉLELMISZER	SZANDÁL
CSALÁD	STRAND
KERT	CSILLAGOK
JÁTÉKOK	SZABADIDŐ
ÖRÖM	NYARALÁS
BÚVÁRKODÁS	UTAZÁS
KÖNYVEK	

63 - Escursionismo

```
F D Á C B T H K F K V S F E
Y P L D R É E B O E E Z Á L
X M L S O R G X D M S Ú R Ő
J J A Z H K Y M T P Z N A K
J Z T I T É É J S I É Y D É
M O O K E P G F L N L O T S
D N K L R V H S K G Y G C Z
V L U A M Í A K Ö S E O S Í
N N E H É Z J D V N K K I T
Z A J L S S L Y E E C T Z É
T P N X Z P A R K O K W M S
C O R I E N T Á C I Ó F A X
B V T V T Ú T M U T A T Ó K
U A R Z K J L R B L B D Z Z
```

VÍZ	VESZÉLYEK
ÁLLATOK	NEHÉZ
KEMPING	KÖVEK
ÉGHAJLAT	ELŐKÉSZÍTÉS
ÚTMUTATÓK	SZIKLA
TÉRKÉP	VAD
HEGY	NAP
TERMÉSZET	FÁRADT
ORIENTÁCIÓ	CSIZMA
PARKOK	SZÚNYOGOK

64 - Professioni #1

```
S  Z  V  M  Á  P  O  L  Ó  E  N  W  A  C
G  D  X  C  Ű  E  A  S  X  M  A  T  É  G
E  P  R  E  N  V  R  A  S  I  G  Á  K  Y
D  O  X  D  H  D  É  J  C  P  Y  N  S  Ó
Z  O  N  G  O  R  I  S  T  A  K  C  Z  G
Ő  W  B  A  N  K  Á  R  Z  R  Ö  O  E  Y
S  Z  E  R  K  E  S  Z  T  Ő  V  S  R  S
G  E  O  L  Ó  G  U  S  D  Z  E  B  É  Z
V  N  Ü  G  Y  V  É  D  F  B  T  O  S  E
D  É  T  C  S  I  L  L  A  G  Á  S  Z  R
A  S  T  E  N  G  E  R  É  S  Z  N  B  É
R  Z  F  N  T  U  D  Ó  S  N  D  J  P  S
V  A  D  Á  S  Z  O  V  D  S  J  M  E  Z
T  É  R  K  É  P  É  S  Z  O  X  Z  E  M
```

EDZŐ
NAGYKÖVET
MŰVÉSZ
CSILLAGÁSZ
ÜGYVÉD
TÁNCOS
BANKÁR
VADÁSZ
TÉRKÉPÉSZ

SZERKESZTŐ
GYÓGYSZERÉSZ
GEOLÓGUS
ÉKSZERÉSZ
ÁPOLÓ
TENGERÉSZ
ZENÉSZ
ZONGORISTA
TUDÓS

65 - Antartide

```
E  J  S  H  Ő  M  É  R  S  É  K  L  E  T
X  K  Z  X  U  I  W  M  T  P  Ö  Y  B  Z
P  X  I  B  V  G  F  Ö  L  D  R  A  J  Z
E  I  G  S  N  R  E  B  M  I  N  T  B  T
D  Z  E  I  A  Á  L  B  E  L  Y  F  K  U
Í  X  T  E  N  C  H  C  B  M  E  J  O  D
C  G  E  G  P  I  Ő  D  P  E  Z  S  N  O
I  B  K  T  H  Ó  K  Y  S  G  E  S  T  M
Ó  G  Á  Ö  B  Ö  L  R  R  Ő  T  E  I  Á
J  É  G  L  E  C  C  S  E  R  E  K  N  N
O  B  W  Y  N  P  U  C  Z  Z  P  K  E  Y
S  F  E  L  T  Á  R  Á  S  É  P  A  N  O
S  D  M  S  Z  I  K  L  Á  S  P  T  S  S
P  K  X  D  V  Í  Z  K  U  T  A  T  Ó  E
```

VÍZ
KÖRNYEZET
ÖBÖL
BÁLNÁK
MEGŐRZÉS
KONTINENS
FELTÁRÁS
FÖLDRAJZ
GLECCSEREK

JÉG
SZIGETEK
MIGRÁCIÓ
FELHŐK
KUTATÓ
SZIKLÁS
TUDOMÁNYOS
EXPEDÍCIÓ
HŐMÉRSÉKLET

66 - Libri

```
A  X  C  O  L  V  A  S  Ó  Y  O  A  W  Y
B  P  T  L  O  T  L  E  P  I  K  U  S  Í
L  K  H  D  R  B  X  A  Z  D  G  Z  K  R
O  R  A  A  W  V  L  X  K  E  Y  S  Ö  O
F  U  N  L  S  K  D  I  E  V  Ű  Z  L  T
I  R  O  D  A  L  M  I  T  O  J  E  T  T
H  H  R  H  Z  N  Y  P  T  N  T  R  É  Ö
R  E  G  É  N  Y  D  G  Ő  A  E  Z  S  R
N  A  R  R  Á  T  O  R  S  T  M  Ő  Z  T
S  O  R  O  Z  A  T  Y  S  K  É  T  E  É
T  R  A  G  I  K  U  S  É  O  N  H  T  N
T  R  É  F  Á  S  S  E  G  Z  Y  A  I  E
K  O  N  T  E  X  T  U  S  Ó  L  P  B  T
T  A  L  Á  L  É  K  O  N  Y  F  G  X  N
```

SZERZŐ	OLDAL
KALAND	KÖLTÉSZET
GYŰJTEMÉNY	IDE VONATKOZÓ
KONTEXTUS	REGÉNY
KETTŐSSÉG	ÍROTT
EPIKUS	SOROZAT
TALÁLÉKONY	TÖRTÉNET
IRODALMI	TRAGIKUS
OLVASÓ	TRÉFÁS
NARRÁTOR	

67 - Geografia

```
O  B  H  A  N  Y  U  G  A  T  X  Y  A  N
R  K  O  N  T  I  N  E  N  S  S  N  R  X
S  T  S  U  É  L  S  F  H  W  V  A  H  B
Z  E  S  K  R  M  A  A  U  V  I  L  Á  G
Á  N  Z  T  K  A  F  S  I  Y  D  É  L  M
G  G  Ú  E  É  G  V  Z  Z  D  É  S  J  P
F  E  S  R  P  A  B  É  S  C  K  Z  E  U
F  R  Á  Ü  T  S  T  L  A  Z  B  A  C  O
U  É  G  L  M  S  H  E  G  Y  I  K  Y  I
N  F  L  E  F  Á  Z  S  Y  X  M  G  B  L
C  M  H  T  P  G  J  S  U  I  P  Z  E  B
C  V  M  N  E  X  H  É  V  Á  R  O  S  T
X  W  D  S  I  K  H  G  F  O  L  Y  Ó  Z
L  T  E  A  Y  M  E  R  I  D  I  Á  N  Y
```

MAGASSÁG	TENGER
ATLASZ	MERIDIÁN
VÁROS	VILÁG
KONTINENS	HEGY
FÉLTEKE	ÉSZAK
FOLYÓ	NYUGAT
SZIGET	ORSZÁG
SZÉLESSÉG	VIDÉK
HOSSZÚSÁG	DÉL
TÉRKÉP	TERÜLET

68 - Cibo #1

```
M  I  E  E  F  U  E  I  G  G  I  W  J  B
F  E  H  É  R  R  É  P  A  K  B  P  S  B
A  T  N  M  J  T  V  T  E  Ö  K  H  H  A
H  E  C  T  S  Á  R  G  A  R  É  P  A  Z
É  J  I  O  A  L  C  D  B  T  T  D  G  S
J  I  T  R  L  W  U  R  O  E  O  Y  Y  A
B  W  R  T  Á  T  K  D  M  A  N  J  M  L
S  Ó  O  A  T  J  O  N  P  X  H  B  A  I
A  S  M  S  A  Á  R  P  A  L  A  U  V  K
M  P  G  Y  Ü  M  Ö  L  C  S  L  É  C  O
V  E  H  Ú  S  K  Y  N  F  B  P  S  E  M
K  N  F  O  K  H  A  G  Y  M  A  T  M  B
L  Ó  D  F  B  B  H  U  F  W  M  X  H  Y
D  T  N  A  K  U  G  H  F  H  E  C  B  N
```

FOKHAGYMA
BAZSALIKOM
FAHÉJ
HÚS
SÁRGARÉPA
HAGYMA
EPER
SALÁTA
TEJ
CITROM

MENTA
ÁRPA
KÖRTE
FEHÉRRÉPA
SÓ
SPENÓT
GYÜMÖLCSLÉ
TONHAL
TORTA
CUKOR

69 - Aeroplani

```
N  T  B  T  G  V  W  S  M  A  Y  K  T  L
U  D  A  I  Ö  M  E  W  Z  I  D  C  E  B
C  R  L  W  O  R  Y  Y  K  W  U  B  R  D
T  I  L  A  A  L  T  É  G  O  T  L  V  A
O  M  O  T  O  R  E  É  P  U  A  Z  E  T
F  Y  N  S  K  P  U  V  N  Í  S  S  Z  L
H  I  D  R  O  G  É  N  E  E  T  F  É  É
L  E  G  É  N  Y  S  É  G  G  L  É  S  G
I  R  Á  N  Y  K  S  V  P  B  Ő  E  S  K
M  R  F  V  S  A  P  I  L  Ó  T  A  M  Ö
L  E  S  Z  Á  L  L  Á  S  E  V  P  Y  R
G  F  F  P  U  A  M  A  G  A  S  S  Á  G
F  M  G  T  J  N  H  A  J  Ó  Z  I  K  F
E  D  O  S  O  D  H  B  M  U  V  C  J  H
```

MAGASSÁG	LEGÉNYSÉG
LEVEGŐ	HIDROGÉN
LÉGKÖR	MOTOR
LESZÁLLÁS	HAJÓZIK
KALAND	BALLON
ÉG	UTAS
ÉPÍTÉS	PILÓTA
TERVEZÉS	TÖRTÉNELEM
IRÁNY	

70 - Pirati

```
K É R M É K S T R A N D K W
K A R N N T Y A M U H B A V
H O R G O N Y R L Z M F L C
M O D D B T L A V U J I A L
V W U K T É E N X P K K N E
Z E P I R R G Y W A K S D G
R O S S Z K E I Y P I Z A É
J T L Z Z É N P V A N I S N
G N J A É P D O B G C G Z Y
S S B A R L A N G Á S E F S
H E G G J A Y S E J W T G É
K A P I T Á N Y Y A G O Y G
V F N Z Á S Z L Ó K Y E B R
P I R Á N Y T Ű G M J H X G
```

HORGONY	LEGENDA
KALAND	TÉRKÉP
ZÁSZLÓ	ÉRMÉK
IRÁNYTŰ	ARANY
KAPITÁNY	PAPAGÁJ
ROSSZ	VESZÉLY
HEG	RUM
LEGÉNYSÉG	KARD
BARLANG	STRAND
SZIGET	KINCS

71 - Colori

```
R X W X A R R D S N C N V T
Y Ó F K C F K L E H H A K F
E G Z D W V U B S Z Ü R K E
S F Y S F E H É R M P A B K
N C M Á A S O Z P P I N Í E
B I O R N S D S L I U C B T
F Á T G E A Z G A R E S O E
K N B A R N A Í F O O Z R G
B É U Y J A L M N S X É V J
F U K S Z I A F L F J P Ö D
Z G K O S I N D I G Ó I R S
U Ö R P P P U W E P X A Ö P
N A L I L A L F A M Z J S X
K P Y D E B S T G S N N O B
```

NARANCS	BÍBORVÖRÖS
BÉZS	BARNA
FEHÉR	FEKETE
KÉK	RÓZSASZÍN
CIÁN	PIROS
FUKSZIA	SZÉPIA
SÁRGA	ZÖLD
SZÜRKE	LILA
INDIGÓ	

72 - Spiaggia

```
D E M O L P A R T Ó C E Á N
O P S Z I G E T X C G S N A
K K Z E T T C G L S I N P P
K U A V R H A J Ó A T U I H
D D N T H N R U O X G C W I
X C D V X O Y T M I F Ú U M
S V Á M B A M Ő Z Á T O N Y
R M L P V I T O R L Á S V A
H A R G E C R Á K É K N Z B
P I Y R T N P J G S P Z J N
W V Ú S Z N I M L R Y X R P
T E N G E R N Y A R A L Á S
T Ö R Ü L K Ö Z Ő Z A P U R
S T M B D C A A V D V K I B
```

TÖRÜLKÖZŐ	TENGER
HAJÓ	ÚSZNI
VITORLÁS	ÓCEÁN
KÉK	ESERNYŐ
PART	HOMOK
DOKK	SZANDÁL
RÁK	ZÁTONY
SZIGET	NAP
LAGÚNA	NYARALÁS

73 - Avventura

```
E V N U K K I N R S E B L F
E E B T V Y I E C Z J Á E B
Ú J H A X E C H V O K T L I
G N P Z E R S É L K Z O K Z
O Z P Á S Y T Z L A Z R E T
F I U S É B V S É T J S S O
K K D O L A T É Y L W Á E N
P J C K Y R F G F A Y G D S
K I H Í V Á S O K N S E É Á
T K V L Ú T V O N A L O S G
U D L R U O S Z É P S É G Ö
O A E L Ő K É S Z Í T É S R
T E R M É S Z E T R B T K Ö
L Z K I R Á N D U L Á S N M
```

BARÁTOK
SZÉPSÉG
ESÉLY
BÁTORSÁG
NEHÉZSÉG
LELKESEDÉS
KIRÁNDULÁS
ÖRÖM
SZOKATLAN

ÚTVONAL
TERMÉSZET
ÚJ
VESZÉLYES
ELŐKÉSZÍTÉS
KIHÍVÁSOK
BIZTONSÁG
UTAZÁSOK

74 - Forme

```
Í  H  Á  R  O  M  S  Z  Ö  G  P  S  W  H
V  O  N  A  L  C  C  A  C  F  O  A  D  E
T  P  F  C  V  U  Z  D  W  F  L  R  N  N
H  C  U  M  L  W  Y  B  W  K  I  O  É  G
I  W  I  O  O  L  D  A  L  Ö  G  K  G  E
P  K  O  M  C  V  L  E  T  R  O  I  Y  R
E  O  E  P  I  I  Á  L  M  R  N  S  Z  T
R  D  N  R  T  É  G  L  A  L  A  P  E  T
B  Y  W  I  E  T  R  I  I  V  K  I  T  O
O  Y  M  Z  Z  K  V  P  R  S  O  R  T  P
L  É  O  M  K  Ú  P  S  G  Z  C  A  H  R
A  T  L  A  S  T  S  Z  Ö  X  K  M  V  R
D  M  C  E  A  V  H  I  M  M  A  I  U  D
N  C  T  X  K  W  L  S  B  W  K  S  S  V
```

SAROK	VONAL
ÍV	OVÁLIS
ÉLEK	PIRAMIS
KÖR	POLIGON
HENGER	PRIZMA
KÚP	NÉGYZET
KOCKA	TÉGLALAP
ELLIPSZIS	KEREK
HIPERBOLA	GÖMB
OLDAL	HÁROMSZÖG

75 - Oceano

```
O S Z T R I G A Z G A L V M
S M N L H U L L Á M O K K E
D Z H M H P B F T B E P O D
E X I V I H A R O Á C R R Ú
L I A V U T L C N L Z Á A Z
F V M J A B E G Y N E K L A
I S D F G C D A J A U V L N
N Á Ó E D Á S N I E H A J Ó
T Y R R I P N G D Y A Y S W
O H B A U A H O P O L I P X
N K T W P A B L T E K N Ő S
H C T Z C Á X N Z G L E A S
A G A R N É L A R Á K I K H
L H M V L N U Y H F T V K T
```

ANGOLNA	OSZTRIGA
BÁLNA	HAL
HAJÓ	POLIP
KORALL	SÓ
DELFIN	ZÁTONY
GARNÉLARÁK	SZIVACS
RÁK	CÁPA
ÁRAPÁLY	TEKNŐS
MEDÚZA	VIHAR
HULLÁMOK	TONHAL

76 - Famiglia

```
G  Z  P  I  K  L  E  H  F  I  S  J  H  D
O  Y  R  J  W  M  B  W  E  K  U  B  A  Z
B  B  E  G  B  C  X  G  L  R  N  T  N  T
L  H  X  R  T  U  I  P  E  E  O  É  F  S
G  Y  E  R  M  E  K  Ő  S  K  K  N  N  G
L  Á  N  Y  A  E  S  Z  É  X  A  A  A  I
L  T  M  N  D  K  T  G  H  Ö  G  G  D
M  F  U  G  Y  M  P  K  V  O  C  Y  Y  C
K  G  E  K  A  P  A  G  O  É  S  A  M  S
A  C  K  V  P  A  N  D  C  R  R  P  A  W
W  O  A  F  A  W  Y  H  N  D  X  A  M  H
D  G  Z  É  I  L  A  G  K  M  S  Z  A  N
F  S  Z  R  Y  N  I  Y  J  K  R  Y  E  G
B  Y  P  J  G  Y  E  R  M  E  K  E  K  U
```

ŐS	ANYAI
GYERMEKEK	FELESÉG
GYERMEK	UNOKAÖCS
LÁNYA	NAGYMAMA
TESTVÉR	NAGYAPA
IKREK	APA
GYERMEKKOR	APAI
ANYA	NÉNI
FÉRJ	

77 - Veicoli

```
H  R  S  H  H  X  R  S  G  C  A  E  H  R
M  E  O  G  F  O  B  W  G  G  G  A  A  E
W  V  L  B  F  N  J  L  P  M  D  W  W  P
K  A  M  I  O  N  X  G  M  Z  J  P  U  Ü
P  N  U  J  K  G  Z  B  E  V  H  E  F  L
U  S  L  M  O  O  Ó  M  T  O  A  H  U  Ő
D  R  A  E  M  I  P  O  R  N  J  K  R  G
Z  L  K  N  P  T  D  T  Ó  A  Ó  E  G  É
L  A  Ó  T  A  X  I  O  E  T  K  R  O  P
V  G  K  Ő  Z  H  N  R  K  R  S  É  N  L
P  M  O  A  U  T  Ó  B  U  S  Z  K  T  C
Y  V  C  U  G  U  M  I  K  C  I  P  U  A
V  C  S  T  R  A  K  T  O  R  B  Á  I  S
D  S  I  Ó  T  U  T  A  J  R  T  R  C  U
```

REPÜLŐGÉP	METRÓ
MENTŐAUTÓ	MOTOR
AUTÓ	GUMIK
BUSZ	RAKÉTA
HAJÓ	ROBOGÓ
KERÉKPÁR	TAXI
KAMION	KOMP
LAKÓKOCSI	TRAKTOR
HELIKOPTER	VONAT
FURGON	TUTAJ

78 - Emozioni

```
M P K S Z I M P Á T I A Z U
U A E Z A V A R T H L T F N
P V M E G L E P E T É S I A
N H A R A G M B A K L R Z L
B U P E K E D V E S S É G O
C B S T T A R T A L O M A M
B H X E L É G E D E T T T Ö
Z É Á T N Y U G A L O M O R
T J K L T F É L E L E M T Ö
N L G E Á C P Y N Y X L T M
X R X K H S H F T J K Z V R
U R W B O L D O G S Á G Z O
G Y E N G É D S É G H C Z C
X N Y U G O D T T J O B H W
```

SZERETET
BOLDOGSÁG
NYUGODT
TARTALOM
IZGATOTT
KEDVESSÉG
ÖRÖM
HÁLÁS
ZAVART

UNALOM
BÉKE
FÉLELEM
HARAG
SZIMPÁTIA
ELÉGEDETT
MEGLEPETÉS
GYENGÉDSÉG
NYUGALOM

79 - Natura

```
F  J  I  T  L  O  M  B  O  Z  A  T  W  D
O  E  L  R  G  L  E  C  C  S  E  R  K  F
L  X  M  Ó  R  Y  P  R  A  Z  X  U  V  E
Y  N  E  P  M  E  L  X  D  E  R  Ű  S  L
Ó  O  N  U  M  I  T  K  F  Ő  M  Y  Z  H
S  L  E  S  N  K  Ö  D  O  J  Z  W  É  Ő
H  X  D  I  N  A  M  I  K  U  S  J  P  K
E  E  É  Á  L  L  A  T  O  K  I  O  S  B
G  R  K  A  V  A  D  T  F  Y  V  N  É  V
Y  K  Ó  J  Y  W  M  O  I  O  A  O  G  W
E  E  S  Z  E  N  T  É  L  Y  T  Z  O  U
K  D  D  O  I  Y  C  N  H  D  A  F  I  X
K  R  G  M  B  Ó  I  J  A  E  G  Y  F  T
O  L  S  A  R  K  V  I  D  É  K  I  T  S
```

ÁLLATOK	GLECCSER
MÉHEK	HEGYEK
SARKVIDÉKI	KÖD
SZÉPSÉG	FELHŐK
SIVATAG	MENEDÉK
DINAMIKUS	SZENTÉLY
ERÓZIÓ	VAD
FOLYÓ	DERŰS
LOMBOZAT	TRÓPUSI
ERDŐ	

80 - Balletto

```
P Z E N E S Z E R Z Ő Y G I
J E T M L U V K S H I T R N
K N A T F I B O B K T Á G T
O E E D P D U R O M G N Y E
G E S Z T U S E B M J C A N
F G H E K A V O I Z M O K Z
B S A N É M U G T X K S O I
P T U E S Ű Y R K A Y O R T
V Í T K Z V A Á O E P K L Á
N L S A S É S F P R C S A S
S U U R É S R I T M U S T L
C S O N G Z O A W D V D E S
B A L E R I N A P R Ó B A S
K Ö Z Ö N S É G N P M M W G
```

KÉSZSÉG
TAPS
MŰVÉSZI
BALERINA
TÁNCOSOK
ZENESZERZŐ
KOREOGRÁFIA
GESZTUS
KECSES

INTENZITÁS
IZMOK
ZENE
ZENEKAR
GYAKORLAT
PRÓBA
KÖZÖNSÉG
RITMUS
STÍLUS

81 - Castelli

```
P  D  T  F  P  H  U  N  B  G  N  E  F  Z
Á  L  R  E  A  E  S  E  I  D  A  R  W  F
N  L  G  S  L  R  B  M  R  K  K  Ő  C  W
C  S  Z  G  O  C  K  E  O  M  A  D  H  F
É  G  F  Z  T  E  G  S  D  C  T  R  F  E
L  T  C  A  A  G  K  S  A  Z  A  E  D  U
N  O  A  I  L  V  O  M  L  P  P  L  X  D
C  R  Y  I  Ó  M  R  J  O  A  U  K  W  Á
L  O  V  A  G  O  O  W  M  J  L  E  V  L
B  N  D  M  D  I  N  A  S  Z  T  I  A  I
H  Y  N  F  S  Y  A  K  N  S  R  I  Y  S
S  Á  R  K  Á  N  Y  S  R  B  R  D  B  O
K  I  R  Á  L  Y  S  Á  G  S  G  G  X  E
H  E  R  C  E  G  N  Ő  J  W  X  K  Z  Z
```

PÁNCÉL	NEMES
KATAPULT	PALOTA
LOVAG	FAL
LÓ	HERCEG
KORONA	HERCEGNŐ
DINASZTIA	KIRÁLYSÁG
SÁRKÁNY	PAJZS
FEUDÁLIS	KARD
ERŐD	TORONY
BIRODALOM	

82 - Campionato

```
B G N Y X É D C S Y G M I M
E S N S T R A T É G I A Z O
J O N A S E D Ö N T Ő S Z T
L I G A P M Y F C O L K A I
B L A J O B C I A R X L D V
Í A H P R A S W Z N V V Á Á
R D J S T J A U R A W P S C
Ó H E N P N P X D L Z V A I
C N O X O O A N K Z J Y P Ó
V G Z J W K T V O E H W U C
T E L J E S Í T M É N Y D F
Y T V S C Á K I T A R T Á S
U D X B K G G Y Ő Z E L E M
E D Z Ő E Y J Á T É K O K Y
```

EDZŐ	TELJESÍTMÉNY
BAJNOKSÁG	KITARTÁS
BAJNOK	SPORT
DÖNTŐS	CSAPAT
JÁTÉKOK	STRATÉGIA
BÍRÓ	IZZADÁS
LIGA	TORNA
ÉREM	GYŐZELEM
MOTIVÁCIÓ	

83 - Foresta Pluviale

```
K  L  P  M  E  M  L  Ő  S  Ö  K  E  H  N
É  G  H  A  J  L  A  T  O  G  Ö  S  E  A
M  M  A  D  A  R  A  K  K  M  Z  S  L  C
B  O  T  A  N  I  K  A  F  J  Ö  N  Y  F
W  Y  H  V  M  T  B  G  É  T  S  J  R  Z
L  N  F  A  W  G  E  G  L  E  S  D  E  D
R  O  V  A  R  O  K  J  E  R  É  Z  Á  T
Z  R  M  R  S  W  P  C  S  M  G  S  L  Ú
E  N  F  E  L  H  Ő  K  É  É  G  U  L  L
D  P  A  O  N  R  L  D  G  S  P  N  Í  É
B  U  J  D  L  E  P  B  W  Z  F  G  T  L
L  U  M  M  W  I  D  E  A  E  F  E  Á  É
É  R  T  É  K  E  S  É  N  T  J  L  S  S
M  E  G  Ő  R  Z  É  S  K  P  O  Y  O  O
```

BOTANIKA
ÉGHAJLAT
KÖZÖSSÉG
SOKFÉLESÉG
DZSUNGEL
ROVAROK
EMLŐSÖK
MOHA
TERMÉSZET

FELHŐK
MEGŐRZÉS
ÉRTÉKES
HELYREÁLLÍTÁS
MENEDÉK
TÚLÉLÉS
FAJ
MADARAK

84 - Edifici

```
X  M  O  Z  I  T  G  A  Z  D  A  S  Á  G
S  Ú  Z  U  O  O  L  V  Y  K  N  P  X  Y
Á  Z  V  A  L  R  A  G  G  N  A  C  B  Á
T  E  Á  I  U  O  K  D  B  V  G  B  C  R
O  U  R  L  T  N  Á  M  B  S  Y  C  I  F
R  M  N  M  L  Y  S  C  I  R  K  F  S  N
J  E  I  Z  K  Ó  R  H  Á  Z  Ö  A  K  S
S  Z  Á  L  L  O  D  A  O  C  V  I  O  T
S  Z  U  P  E  R  M  A  R  K  E  T  L  A
O  Z  Í  V  K  P  A  P  G  I  T  X  A  D
O  H  L  N  C  R  U  A  N  E  S  A  Z  I
P  Y  H  U  H  Y  B  J  I  R  É  A  P  O
U  P  T  S  J  Á  F  T  A  S  G  J  U  N
E  Z  D  P  F  B  Z  A  B  S  S  N  Y  R
```

NAGYKÖVETSÉG	MÚZEUM
LAKÁS	KÓRHÁZ
KABIN	SZÁLLÓ
VÁR	ISKOLA
MOZI	STADION
GYÁR	SZUPERMARKET
GAZDASÁG	SZÍNHÁZ
PAJTA	SÁTOR
SZÁLLODA	TORONY

85 - Paesi #2

```
O  J  A  P  Á  N  U  N  J  T  G  U  S  J
T  R  L  I  B  É  R  I  A  O  M  F  K  F
E  F  O  C  R  X  X  J  M  E  X  I  K  Ó
U  T  A  S  S  O  U  G  A  N  D  A  J  I
G  N  I  R  Z  P  A  K  I  S  Z  T  Á  N
O  E  C  Ó  Í  O  V  P  C  X  H  L  R  D
L  P  B  M  P  R  R  S  A  M  W  G  B  O
A  Á  N  L  L  I  O  S  S  Z  U  D  Á  N
O  L  D  E  I  Y  A  R  Z  R  F  G  S  É
S  A  L  B  Á  N  I  A  S  Á  H  E  Z  Z
Z  D  Á  N  I  A  F  V  L  Z  G  I  Í  I
U  K  R  A  J  N  A  M  T  I  Á  A  R  A
G  Ö  R  Ö  G  O  R  S  Z  Á  G  G  I  V
N  I  G  É  R  I  A  H  A  I  T  I  A  U
```

ALBÁNIA	LIBÉRIA
DÁNIA	MEXIKÓ
ETIÓPIA	NEPÁL
JAMAICA	NIGÉRIA
JAPÁN	PAKISZTÁN
GÖRÖGORSZÁG	OROSZORSZÁG
HAITI	SZÍRIA
INDONÉZIA	SZUDÁN
ÍRORSZÁG	UKRAJNA
LAOSZ	UGANDA

86 - Tipi di Capelli

```
E  V  É  K  O  N  Y  T  B  X  A  S  C  P
E  G  A  N  Z  B  L  I  Y  W  T  Z  X  T
Z  M  É  N  P  U  H  A  W  Y  U  Á  B  B
Ü  G  N  S  I  M  A  E  S  Z  Ü  R  K  E
S  Ö  F  S  Z  Í  N  E  S  Z  M  A  P  F
T  N  F  D  S  S  J  C  N  M  Ő  Z  N  E
M  D  Ü  O  I  D  É  R  T  I  H  K  O  H
D  Ö  R  O  N  I  C  G  O  B  V  O  E  É
W  R  T  D  Ó  O  P  M  E  N  A  P  R  R
A  Ö  Ö  V  R  T  T  V  G  S  S  A  Z  B
A  V  K  K  D  O  K  T  V  S  T  S  U  A
B  I  J  H  O  S  S  Z  Ú  K  A  Z  C  R
M  D  D  M  F  E  K  E  T  E  G  R  K  N
V  I  H  M  E  M  H  I  P  P  O  B  E  A
```

EZÜST	HOSSZÚ
SZÁRAZ	BARNA
FEHÉR	PUHA
SZŐKE	FEKETE
RÖVID	GÖNDÖR
KOPASZ	FÜRTÖK
SZÍNES	EGÉSZSÉGES
SZÜRKE	VÉKONY
FONOTT	VASTAG
SIMA	ZSINÓR

87 - Vestiti

```
P  P  G  S  E  F  H  H  R  D  C  S  G  B
U  J  V  G  H  W  A  V  X  I  I  T  S  L
L  N  V  J  V  P  S  R  F  D  P  V  Z  Ú
Ó  B  P  O  C  O  M  D  M  P  Ő  G  A  Z
V  P  I  Z  S  A  M  A  N  E  P  K  N  T
E  S  N  D  Á  D  H  N  A  X  R  A  D  G
R  Z  G  Z  L  H  V  D  D  D  K  R  Á  O
U  O  S  S  V  E  H  H  R  I  A  K  L  O
V  K  G  E  X  T  N  B  Á  D  B  Ö  E  A
J  N  W  K  D  Z  S  J  G  J  Á  T  K  K
D  Y  F  I  K  Ö  T  É  N  Y  T  Ő  Y  A
D  A  E  W  C  R  V  K  U  R  U  H  A  L
C  S  J  X  N  Y  A  K  L  Á  N  C  K  A
X  T  S  T  I  D  K  E  S  Z  T  Y  Ű  P
```

RUHA	KÖTÉNY
KARKÖTŐ	KESZTYŰ
BLÚZ	FARMER
ING	PULÓVER
KALAP	DIVAT
KABÁT	NADRÁG
ÖV	PIZSAMA
NYAKLÁNC	SZANDÁL
DZSEKI	CIPŐ
SZOKNYA	SÁL

88 - Attività e Tempo Libero

```
S  M  B  P  I  M  Y  N  Ú  T  F  T  E  V
Z  Ű  O  R  I  X  E  D  S  G  U  E  W  Á
Ö  V  K  K  Ö  H  N  K  Z  P  T  N  S  S
R  É  S  O  E  P  E  S  Á  T  B  I  L  Á
F  S  Z  I  J  M  L  N  S  Z  A  S  W  R
Ö  Z  L  U  G  H  P  A  T  I  L  Z  C  L
Z  E  B  M  N  A  E  I  B  E  L  C  O  Á
É  T  T  M  J  L  M  X  N  D  T  B  T  S
S  G  O  L  F  Á  D  F  U  G  A  Ő  Ú  V
K  E  R  T  É  S  Z  K  E  D  É  S  R  L
H  O  B  B  I  Z  U  T  A  Z  Á  S  Á  X
F  O  N  P  B  A  S  E  B  A  L  L  Z  Y
Y  K  F  E  S  T  M  É  N  Y  U  I  Á  F
K  O  S  Á  R  L  A  B  D  A  M  Z  S  G
```

MŰVÉSZET	ÚSZÁS
BASEBALL	RÖPLABDA
KOSÁRLABDA	HALÁSZAT
BOKSZ	FESTMÉNY
FUTBALL	PIHENTETŐ
KEMPING	VÁSÁRLÁS
TÚRÁZÁS	SZÖRFÖZÉS
KERTÉSZKEDÉS	TENISZ
GOLF	UTAZÁS
HOBBI	

89 - Tecnologia

```
U  X  D  C  J  F  X  G  N  F  G  B  A  X
S  T  A  T  I  S  Z  T  I  K  A  I  D  D
K  D  Y  R  X  S  I  U  O  B  P  Z  G  I
B  U  J  J  Z  L  Y  X  P  E  L  T  H  G
Á  R  R  H  Y  T  A  D  A  T  Y  O  I  I
J  I  Ü  Z  E  N  E  T  H  Ű  Y  N  G  T
T  L  P  X  O  G  V  D  E  T  O  S  N  Á
E  I  N  T  E  R  N  E  T  Í  F  Á  J  L
S  Z  O  F  T  V  E  R  M  P  K  G  L  I
K  U  T  A  T  Á  S  S  N  U  A  K  V  S
B  Ö  N  G  É  S  Z  Ő  C  S  M  A  Í  U
V  I  R  T  U  Á  L  I  S  W  E  G  R  S
V  K  É  P  E  R  N  Y  Ő  Y  R  A  U  L
S  Z  Á  M  Í  T  Ó  G  É  P  A  E  S  M
```

BLOG
BÖNGÉSZŐ
BÁJT
SZÁMÍTÓGÉP
KURZOR
ADAT
DIGITÁLIS
FÁJL
BETŰTÍPUS
INTERNET

ÜZENET
KUTATÁS
KÉPERNYŐ
BIZTONSÁG
SZOFTVER
STATISZTIKA
KAMERA
VIRTUÁLIS
VÍRUS

90 - Arte

```
N E O V K E R Á M I A I M S
V F R N C I H L E T E T T Z
Ö E B E R S F S Z O B O R Ü
S S W I D I C E V H Ö K T R
Z T S S D E N R J B S Ö B R
I M Ő Z T R T R U E S L W E
M É S E E O N I R H Z T N A
B N Z M G T X X S A E É G L
Ó Y I É Y Á É I X N T S S I
L E N L S R R T Z G E Z W Z
U K T Y Z G Z T E U T E N M
M L E E E Y O W E L T T M U
H O D S R K N T P A X E X S
F N N B Ű L T V T T R N S L
```

KERÁMIA	SZEMÉLYES
ÖSSZETETT	KÖLTÉSZET
ÖSSZETÉTEL	SZOBOR
FESTMÉNYEK	EGYSZERŰ
KIFEJEZÉS	SZIMBÓLUM
IHLETETT	TÁRGY
ŐSZINTE	SZÜRREALIZMUS
EREDETI	HANGULAT

91 - Meteo

```
M  M  O  N  S  Z  U  N  O  R  O  U  W  É
É  G  L  É  G  K  Ö  R  R  B  J  Z  R  G
S  M  E  N  N  Y  D  Ö  R  G  É  S  K  H
H  Z  F  E  L  H  Ő  Z  K  Z  G  M  Ö  A
Ő  U  Á  O  E  T  O  R  N  Á  D  Ó  D  J
M  Z  Z  R  B  B  G  Z  V  E  O  X  H  L
É  C  I  E  A  H  U  R  R  I  K  Á  N  A
R  L  N  F  S  Z  É  L  J  P  L  T  R  T
S  Z  I  V  Á  R  V  Á  N  Y  R  L  C  A
É  F  T  W  S  L  S  Z  E  L  L  Ő  Á  W
K  G  C  J  X  P  O  L  Á  R  I  S  R  M
L  A  S  Z  Á  L  Y  Y  V  I  H  A  R  K
E  H  L  T  Y  P  W  X  P  U  I  A  D  P
T  S  F  X  T  R  Ó  P  U  S  I  F  S  H
```

SZIVÁRVÁNY	FELHŐ
SZÁRAZ	POLÁRIS
LÉGKÖR	ASZÁLY
SZELLŐ	HŐMÉRSÉKLET
ÉG	VIHAR
ÉGHAJLAT	TORNÁDÓ
VILLÁM	TRÓPUSI
JÉG	MENNYDÖRGÉS
MONSZUN	HURRIKÁN
KÖD	SZÉL

92 - Corpo Umano

```
T  O  F  E  J  I  V  E  K  Ö  N  Y  Ö  K
Z  R  S  Ü  S  Z  Á  J  É  X  N  L  Y  X
J  R  B  P  L  T  L  U  Z  F  Y  C  E  L
B  O  K  A  C  Á  L  L  S  C  A  U  K  K
M  A  B  R  E  F  B  I  C  E  K  G  Y  T
E  V  V  C  V  N  Y  F  J  V  X  S  A  E
G  D  X  I  S  P  P  M  K  G  U  Z  Y  D
K  C  P  A  K  D  V  S  Z  E  M  Í  D  F
D  R  X  Z  G  P  E  O  N  T  Y  V  B  I
B  A  A  G  Y  G  U  T  G  J  U  U  F  D
N  Ő  U  M  O  E  H  A  Y  W  K  I  G  I
V  É  R  W  M  R  R  J  U  W  M  C  W  S
J  P  M  H  O  G  R  R  J  B  V  N  F  T
T  G  T  É  R  D  E  N  J  M  I  S  X  E
```

SZÁJ	KÉZ
BOKA	ÁLL
AGY	ORR
NYAK	SZEM
SZÍV	FÜL
UJJ	BŐR
ARC	VÉR
LÁB	VÁLL
TÉRD	GYOMOR
KÖNYÖK	FEJ

93 - Mammiferi

```
B  Á  L  N  A  Z  N  Y  H  P  Z  Z  D  Z
M  I  Ó  E  F  F  M  Y  U  K  S  Z  E  E
A  N  K  X  H  R  N  M  Ú  Y  I  K  L  B
C  O  M  A  M  E  D  V  E  L  R  U  F  R
S  O  R  O  S  Z  L  Á  N  F  Á  T  I  A
K  E  X  F  A  R  K  A  S  K  F  Y  N  R
A  G  O  R  I  L  L  A  X  N  B  A  H  Ó
P  R  É  R  I  F  A  R  K  A  S  A  V  K
E  L  E  F  Á  N  T  V  S  U  J  W  K  A
S  Z  A  R  V  A  S  Y  B  S  J  U  F  T
M  G  S  H  E  M  I  M  A  J  O  M  H  L
J  V  P  H  D  J  N  J  S  C  F  E  S  F
B  E  G  G  W  A  S  P  V  Z  F  G  A  O
L  A  F  F  I  W  D  K  E  N  G  U  R  U
```

BÁLNA	ZSIRÁF
KUTYA	GORILLA
KENGURU	OROSZLÁN
LÓ	FARKAS
SZARVAS	MEDVE
NYÚL	JUH
PRÉRIFARKAS	MAJOM
DELFIN	BIKA
ELEFÁNT	RÓKA
MACSKA	ZEBRA

94 - Arrampicata

```
F  B  S  Ú  Z  Z  M  W  T  Y  A  R  L  K
S  N  A  E  T  R  V  A  F  N  E  F  É  E
É  C  D  R  L  M  I  A  G  S  V  G  G  S
R  K  I  D  L  U  U  V  M  A  I  V  K  K
Ü  E  E  W  L  A  P  T  X  K  S  L  Ö  E
L  S  R  J  C  P  N  Y  A  A  X  S  R  N
É  Z  Ő  X  S  S  F  G  S  T  U  P  Á  Y
S  T  A  B  I  L  I  T  Á  S  Ó  U  K  G
I  Y  K  G  Z  P  Z  N  L  P  T  K  T  I
S  Ű  S  Z  M  Y  I  M  I  V  D  É  É  W
A  R  R  A  A  S  K  T  E  R  E  P  R  U
K  N  F  I  R  U  A  C  G  B  T  Z  K  Z
P  W  W  N  V  J  I  B  W  T  U  É  É  O
K  Í  V  Á  N  C  S  I  S  Á  G  S  P  I
```

MAGASSÁG
LÉGKÖR
SISAK
KÍVÁNCSISÁG
FIZIKAI
KÉPZÉS
ERŐ
BARLANG

KESZTYŰ
ÚTMUTATÓK
SÉRÜLÉS
TÉRKÉP
STABILITÁS
CSIZMA
KESKENY
TEREP

95 - Animali Domestici

```
É  L  E  L  M  I  S  Z  E  R  N  P  S  K
Á  L  L  A  T  O  R  V  O  S  H  A  W  U
E  E  T  V  O  F  C  V  A  Z  L  P  Z  T
K  R  K  F  Y  B  R  V  Z  Y  N  A  G  Y
B  Z  M  P  Y  K  E  C  S  K  E  G  A  A
N  I  F  Ó  X  I  Y  M  N  S  G  Á  L  J
S  H  Ö  R  C  S  Ö  G  Y  Í  K  J  L  B
X  A  Y  Á  I  K  T  E  K  N  Ő  S  É  L
T  L  A  Z  C  U  E  G  É  R  A  P  R  E
F  E  B  Y  A  T  N  Y  Ú  L  U  X  P  V
P  A  H  B  A  Y  R  F  F  Y  Z  P  L  Í
I  J  R  É  M  A  C  S  K  A  H  C  R  Z
Y  W  Y  O  N  M  A  N  C  S  O  K  F  N
W  W  A  U  K  F  J  J  R  R  Z  W  S  A
```

VÍZ	MACSKA
KUTYA	PÓRÁZ
KECSKE	GYÍK
ÉLELMISZER	TEHÉN
FAROK	PAPAGÁJ
GALLÉR	HAL
NYÚL	TEKNŐS
HÖRCSÖG	EGÉR
KISKUTYA	ÁLLATORVOS
CICA	MANCSOK

96 - Cucina

```
É  S  S  M  É  L  Y  H  Ű  T  Ő  T  S  W
L  B  Z  K  A  O  D  Ű  J  Z  R  J  Z  S
E  W  I  Ö  K  R  Z  T  Á  L  V  G  A  Ü
L  K  V  T  Z  H  C  Ő  Y  N  B  N  L  T
M  W  A  É  V  A  H  S  F  E  D  Z  V  Ő
I  M  C  N  A  K  B  Z  É  V  K  U  É  D
S  E  S  Y  Y  Z  U  E  M  S  I  F  T  C
Z  R  G  R  I  L  L  K  K  K  Z  L  A  O
E  Ő  L  E  Y  W  K  R  A  É  G  É  L  S
R  K  D  C  M  P  Z  É  N  S  E  N  K  A
D  A  F  E  E  I  S  N  A  E  K  F  A  L
N  N  R  P  T  N  H  Y  L  K  I  Y  Z  U
W  Á  O  T  U  M  N  S  A  K  O  R  S  Ó
R  L  G  U  A  R  Z  I  K  A  N  C  S  Ó
```

KANCSÓ
ÉLELMISZER
TÁL
KÉSEK
MÉLYHŰTŐ
KANALAK
VILLA
SÜTŐ
HŰTŐSZEKRÉNY

KÖTÉNY
GRILL
ENNI
MERŐKANÁL
RECEPT
SZIVACS
CSÉSZÉK
SZALVÉTA
KORSÓ

97 - Vacanze #2

```
Ú  K  Ü  L  F  Ö  L  D  I  P  D  B  É  N
S  T  R  A  N  D  W  Z  E  B  Y  Z  T  Y
Á  A  L  K  E  R  T  X  G  F  T  O  T  A
T  X  Y  E  S  Z  Á  L  L  O  D  A  E  R
O  I  R  M  V  Í  Z  U  M  T  N  W  R  A
R  V  X  P  O  É  M  C  Z  Ó  A  A  E  L
E  O  Z  I  N  L  L  W  A  K  B  T  M  Á
U  M  K  N  A  H  U  I  U  T  A  Z  Á  S
N  W  F  G  T  V  E  T  Y  É  H  U  N  U
S  Z  Á  L  L  Í  T  Á  S  R  E  S  W  V
T  E  N  G  E  R  D  R  R  K  G  Y  I  E
S  Z  I  G  E  T  Z  O  A  É  Y  W  P  R
R  E  P  Ü  L  Ő  T  É  R  P  E  Z  K  G
S  Z  A  B  A  D  I  D  Ő  K  K  P  E  F
```

REPÜLŐTÉR
KEMPING
FOTÓK
SZÁLLODA
SZIGET
TÉRKÉP
TENGER
HEGYEK
ÚTLEVÉL
ÉTTEREM

STRAND
KÜLFÖLDI
TAXI
SZABADIDŐ
SÁTOR
SZÁLLÍTÁS
VONAT
NYARALÁS
UTAZÁS
VÍZUM

98 - Attività

```
H F P U T C A Z N Z K F B O
A É R E J T V É N Y E K F L
L N T N U G O G G Ö R Ö M V
Á Y E B G L O O K U T T Á A
S K V A D Á S Z A T É Ú G S
Z É É K E R Á M I A S R I Á
A P K E É A R Ű R J Z Á A S
T E E M K S T V V J K Z V A
X Z N P T M Z É K T E Á A O
D É Y I Á D R S W Z D S R W
D S S N N V J Z É B É L R H
H X É G C H S E P G S L Á D
K E G E V J Á T É K O K S A
K É Z M Ű V E S S É G P F O
```

KÉSZSÉG	TÚRÁZÁS
MŰVÉSZET	FÉNYKÉPEZÉS
KÉZMŰVESSÉG	KERTÉSZKEDÉS
TEVÉKENYSÉG	JÁTÉKOK
VADÁSZAT	OLVASÁS
KEMPING	MÁGIA
KERÁMIA	HALÁSZAT
VARRÁS	ÖRÖM
TÁNC	REJTVÉNYEK

99 - Forniture Artistiche

```
S  Ö  T  L  E  T  E  K  C  V  V  C  J  W
B  Z  V  V  V  T  O  R  E  L  B  X  C  E
P  P  Í  L  F  T  L  A  R  K  L  T  W  X
Y  A  Z  N  I  A  A  D  U  T  I  N  T  A
C  P  S  L  E  A  J  Í  Z  R  D  M  L  P
Z  Í  U  Z  K  K  K  R  Á  L  V  J  Z  D
A  R  B  F  T  K  B  R  K  S  Z  É  K  S
G  Z  W  K  R  E  A  T  I  V  I  T  Á  S
Y  C  V  T  N  G  L  E  V  L  J  K  F  K
A  F  A  S  Z  É  N  L  K  A  M  E  R  A
G  A  K  V  A  R  E  L  L  E  K  Y  I  K
L  M  L  R  A  G  A  S  Z  T  Ó  W  I  I
F  E  S  T  Ő  Á  L  L  V  Á  N  Y  J  U
E  C  S  E  T  E  K  W  A  S  Z  T  A  L
```

VÍZ	RADÍR
AKVARELLEK	ÖTLETEK
AKRIL	TINTA
AGYAG	CERUZÁK
FASZÉN	OLAJ
PAPÍR	PASZTELL
FESTŐÁLLVÁNY	SZÉK
RAGASZTÓ	ECSETEK
SZÍNEK	ASZTAL
KREATIVITÁS	KAMERA

100 - Misurazioni

```
R  R  M  M  L  L  K  J  M  É  R  Ő  X  M
T  Ö  M  E  G  K  I  Y  M  W  W  Z  G  F
V  A  Z  Z  S  I  L  T  C  U  H  Z  C  O
X  Z  Z  K  Ú  L  O  I  E  C  N  U  I  K
A  R  M  B  L  O  M  Z  N  R  J  C  P  O
B  Á  J  T  Y  G  É  E  T  H  R  S  I  Z
P  E  R  C  A  R  T  D  I  C  D  Z  X  A
I  V  O  I  B  A  E  E  M  H  G  É  S  T
N  X  J  J  R  M  R  S  É  Ü  R  L  S  O
T  O  H  G  L  M  X  N  T  V  A  Ő  E  N
X  B  N  O  V  B  Z  B  E  E  M  S  D  N
M  É  L  Y  S  É  G  W  R  L  M  S  N  A
S  M  A  G  A  S  S  Á  G  Y  K  É  L  H
W  X  O  L  R  F  Z  A  J  K  G  G  N  F
```

MAGASSÁG	HOSSZ
BÁJT	TÖMEG
CENTIMÉTER	MÉRŐ
KILOGRAMM	PERC
KILOMÉTER	UNCIA
TIZEDES	SÚLY
FOKOZAT	PINT
GRAMM	HÜVELYK
SZÉLESSÉG	MÉLYSÉG
LITER	TONNA

1 - Scacchi

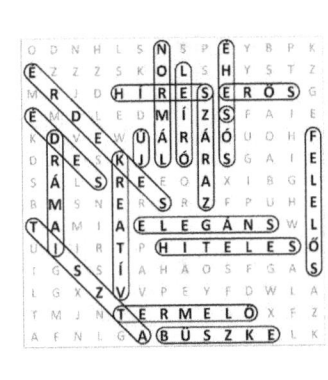

2 - Aggettivi #2

3 - Mobili

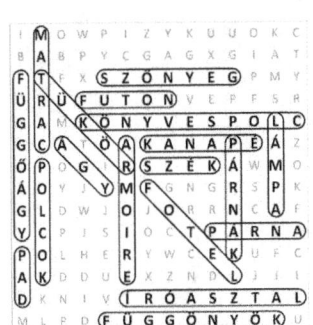

4 - Pesca

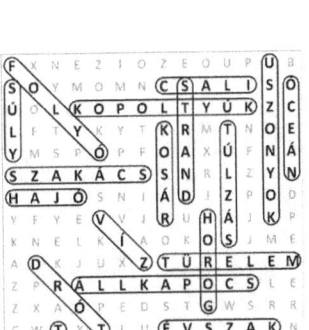

5 - Aggettivi #1

6 - Geologia

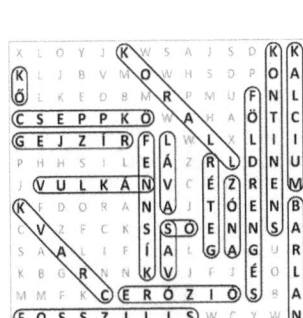

7 - Campeggio

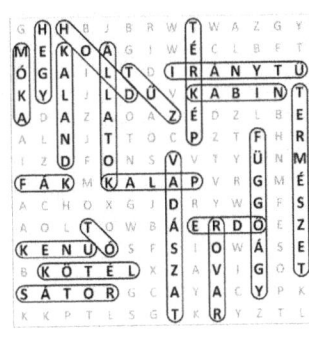

8 - Arti Visive

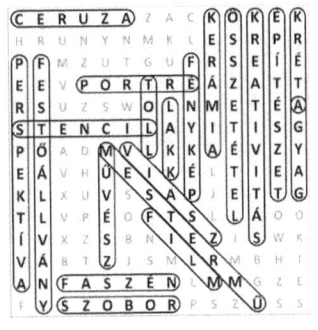

9 - Esplorazione

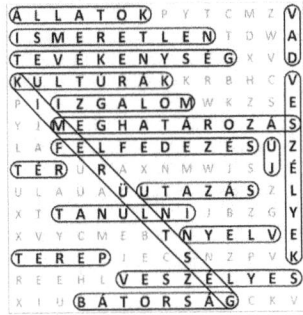

10 - Tempo

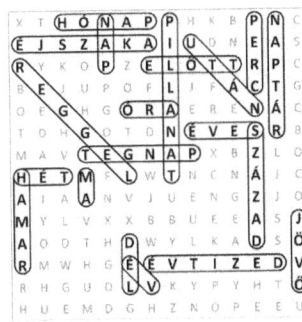

11 - Astronomia

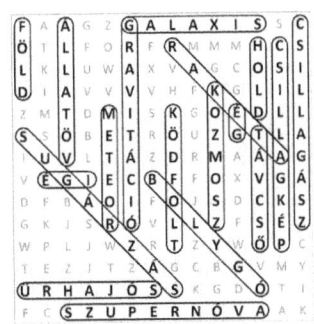

12 - Circo

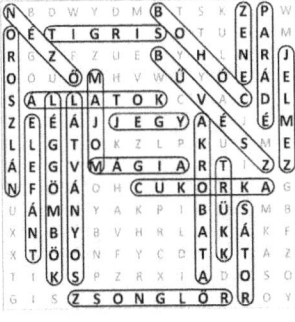

13 - Mitologia

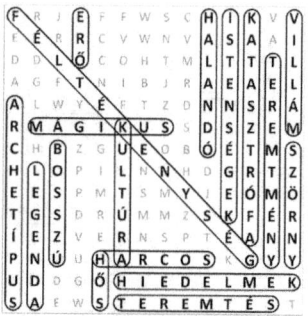

14 - Piante

15 - Spezie

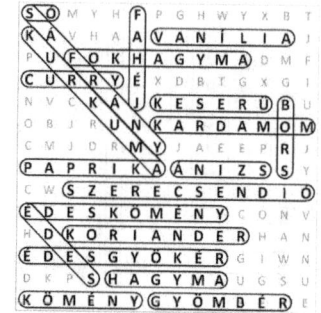

16 - Numeri

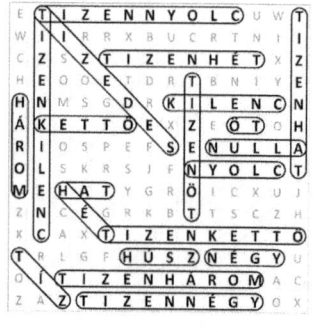

17 - Cioccolato

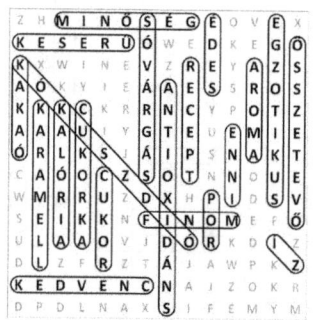

18 - Guida

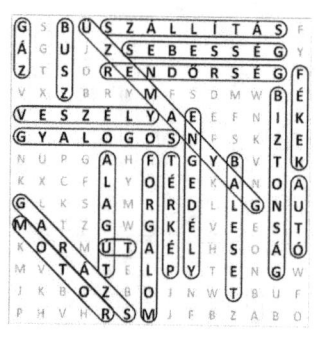

19 - Sport

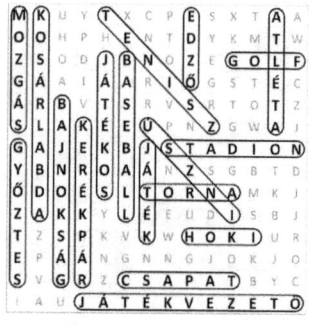

20 - Giocattoli

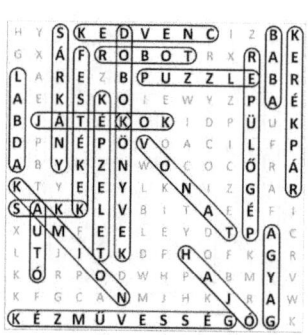

21 - Uccelli

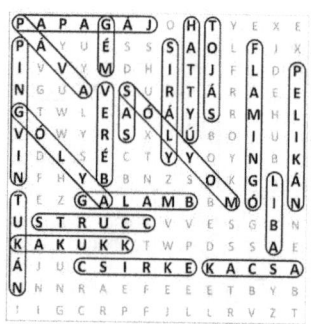

22 - Giorni e Mesi

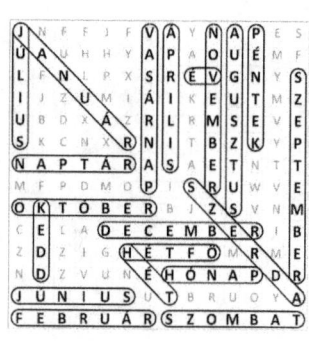

23 - Casa

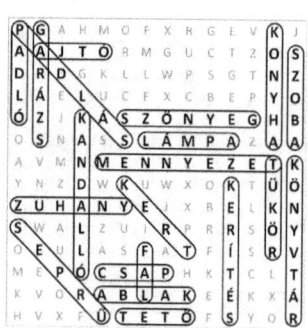

24 - Ristorante #1

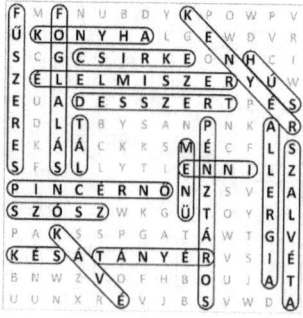

25 - Fantascienza

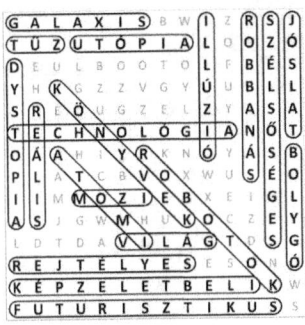

26 - Città

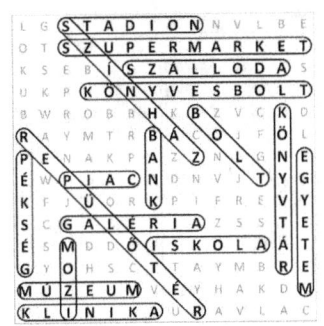

27 - Virtù #1

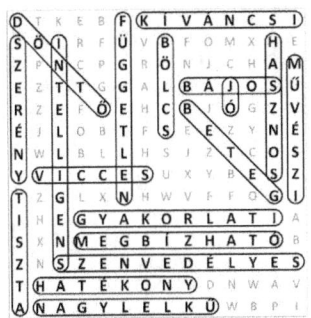

28 - Compleanno

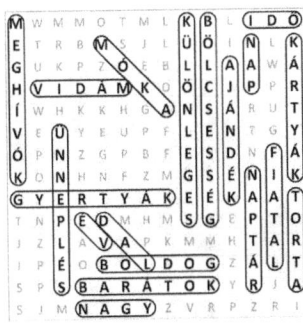

29 - Fattoria #1

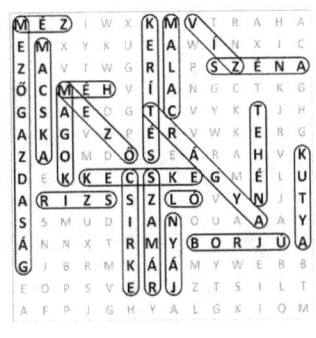

30 - Paesaggi

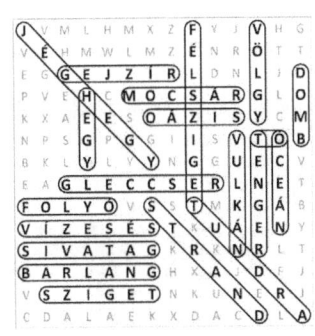

31 - Ristorante #2

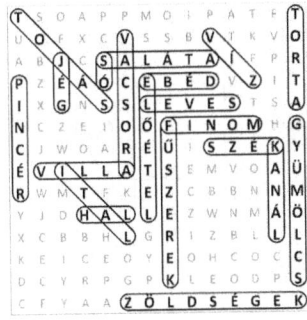

32 - Giardino

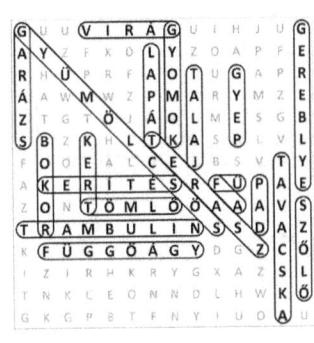

33 - Frutta

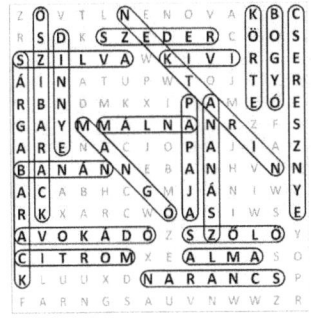

34 - Fattoria #2

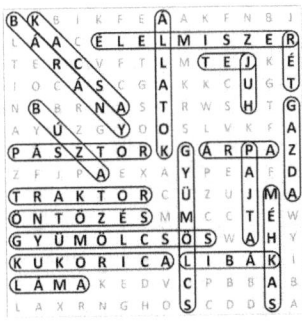

35 - Dinosauri

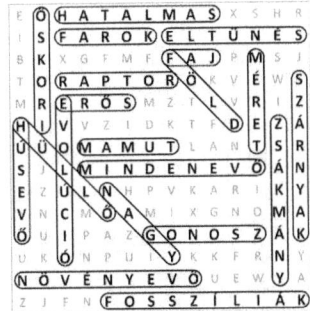

36 - Verdure

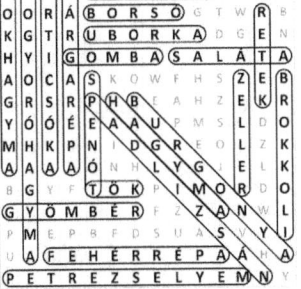

37 - Scuola #2

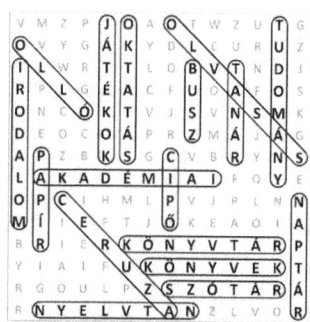

38 - Barbecue

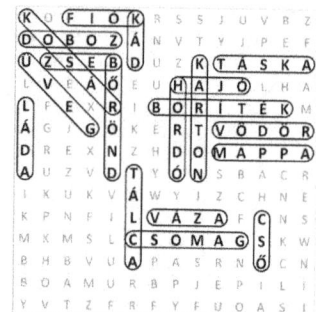

39 - Riempire

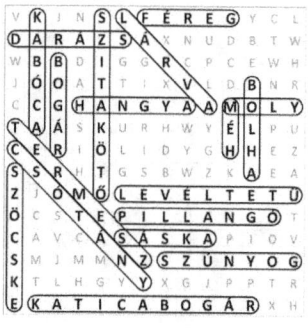

40 - Insetti

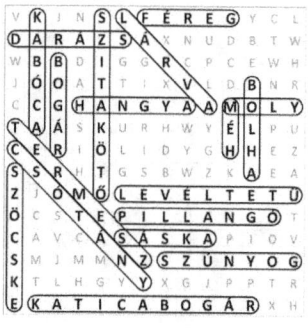

41 - Erboristeria

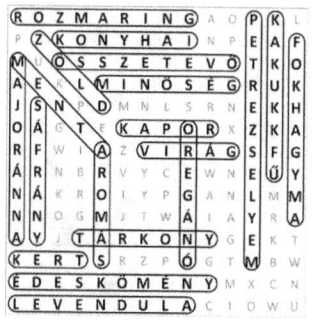

42 - Danza

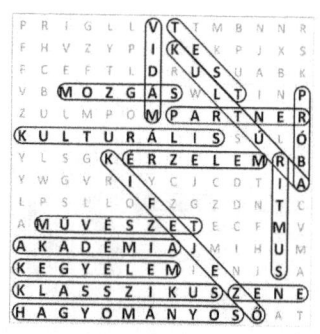

43 - Scuola #1

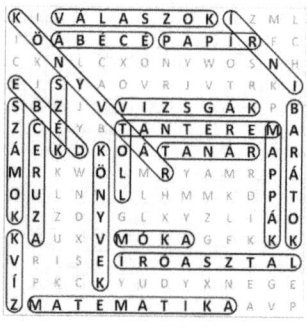

44 - Fiori

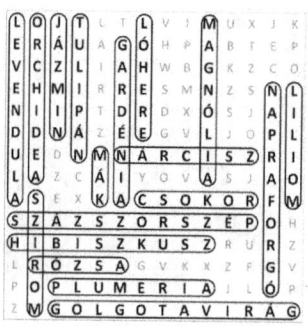

45 - Ecologia

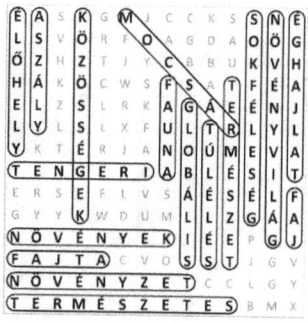

46 - Discipline Scientifiche

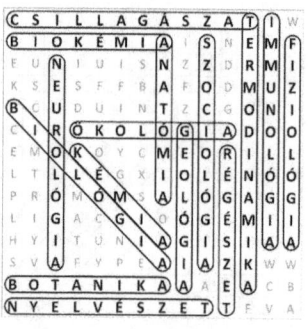

47 - Scienza

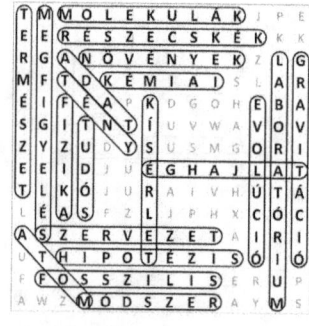

48 - Acqua

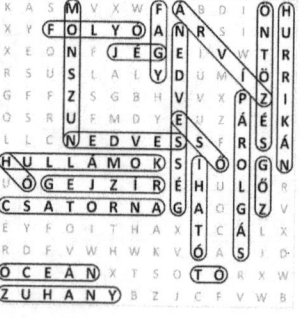

49 - Gatti

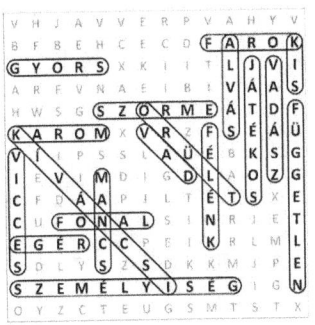

50 - Surf

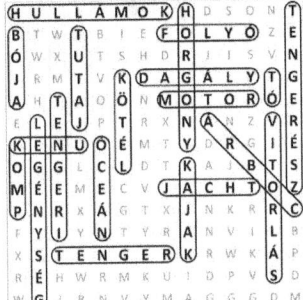

51 - Imbarcazioni

52 - Api

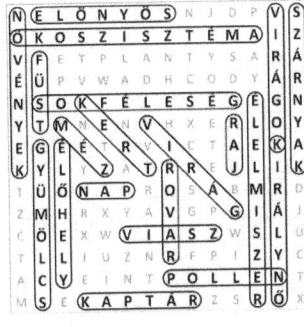

53 - Conservazione

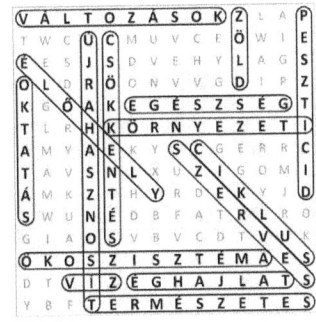

54 - Strumenti Musicali

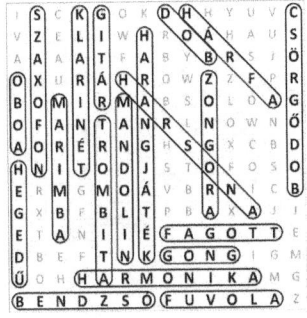

55 - Professioni #2

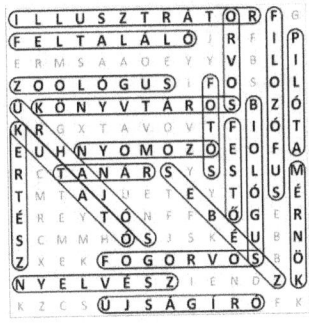

56 - Letteratura

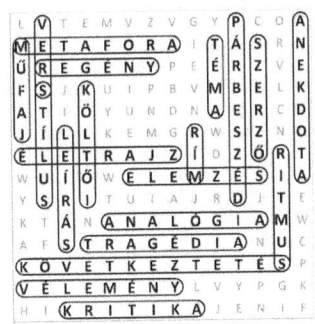

57 - Cibo #2

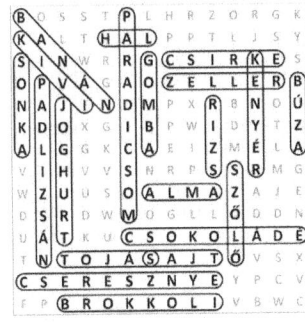

58 - Nutrizione

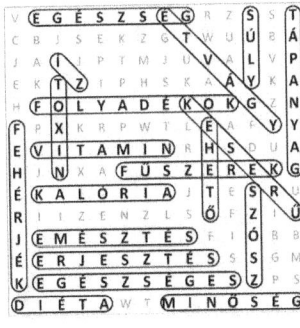

59 - Matematica

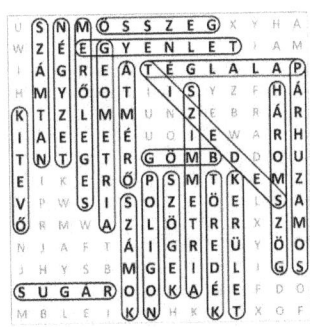

60 - Vacanza #1

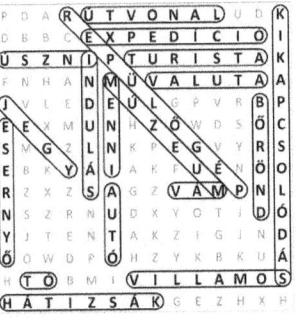

61 - Meditazione

62 - Estate

63 - Escursionismo

64 - Professioni #1

65 - Antartide

66 - Libri

67 - Geografia

68 - Cibo #1

69 - Aeroplani

70 - Pirati

71 - Colori

72 - Spiaggia

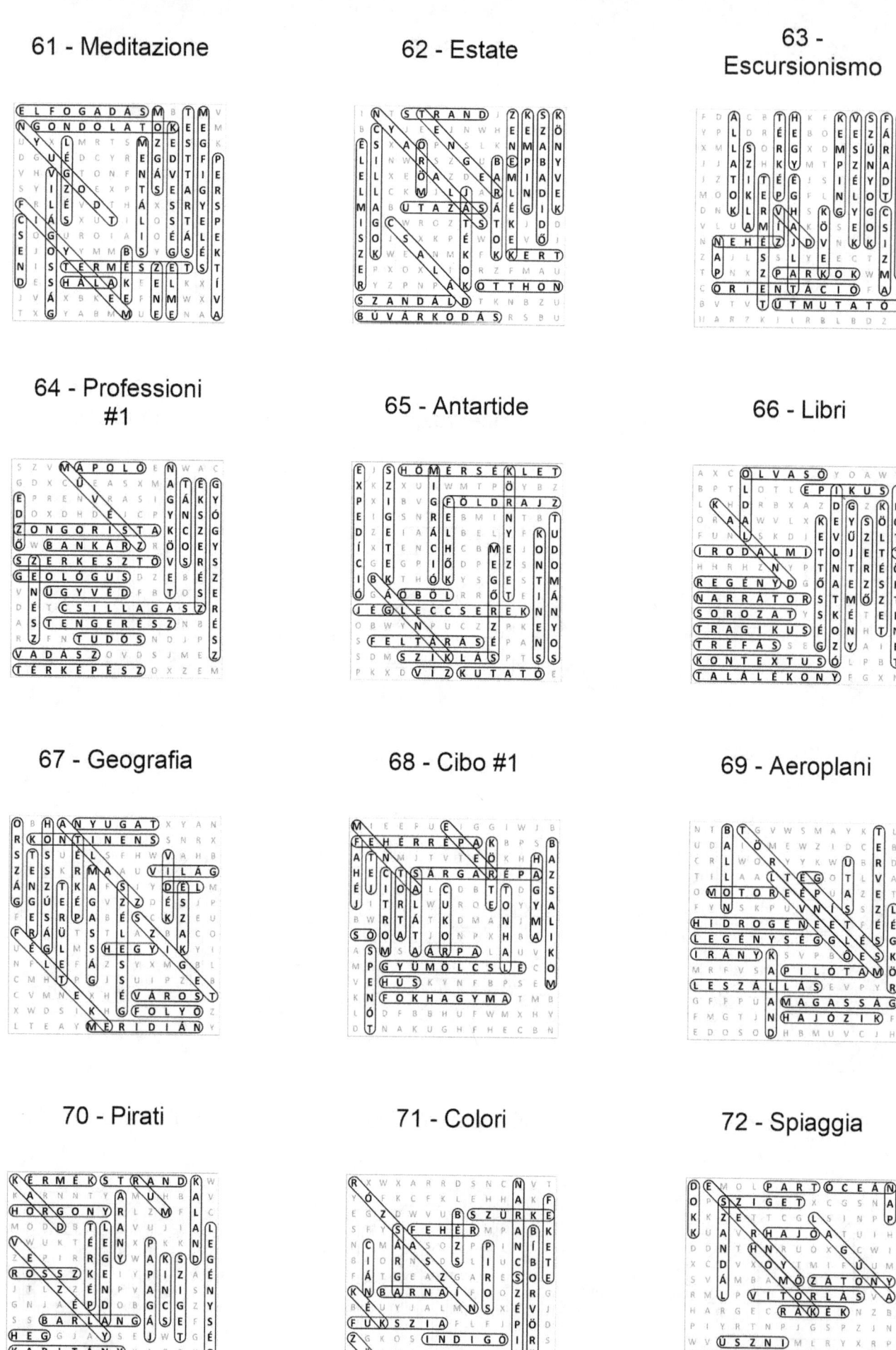

73 - Avventura

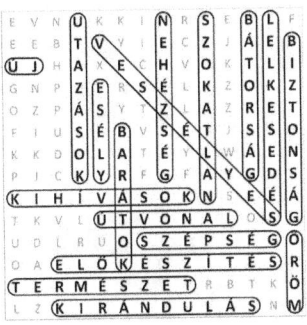

74 - Forme

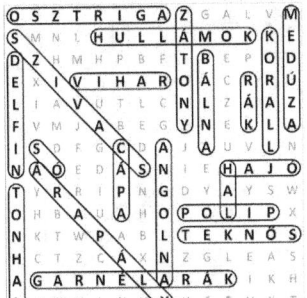

75 - Oceano

76 - Famiglia

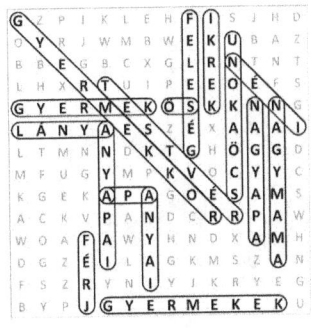

77 - Veicoli

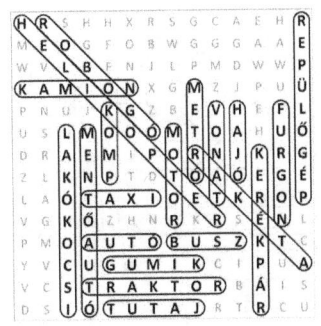

78 - Emozioni

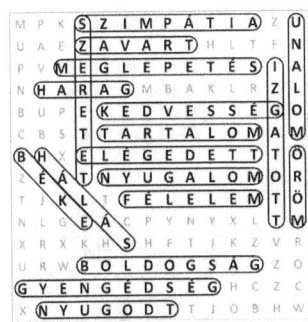

79 - Natura

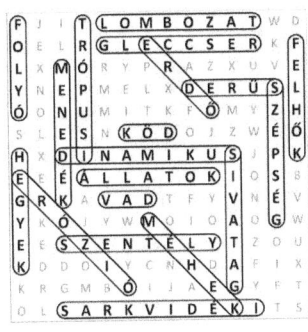

80 - Balletto

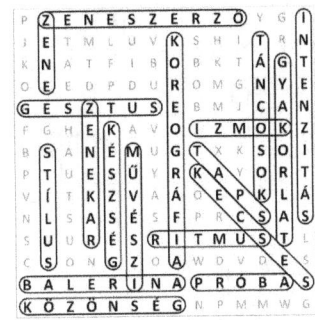

81 - Castelli

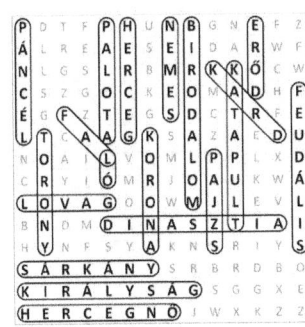

82 - Campionato

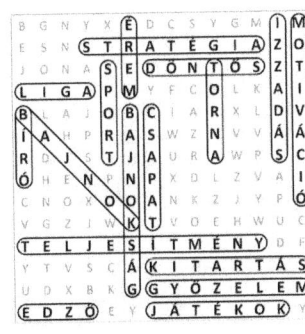

83 - Foresta Pluviale

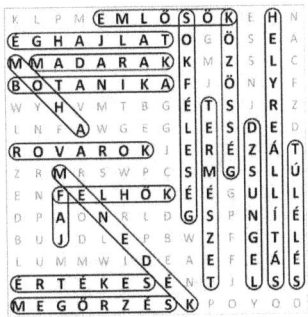

84 - Edifici

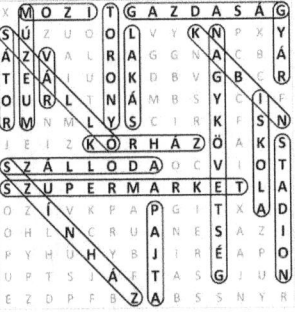

85 - Paesi #2

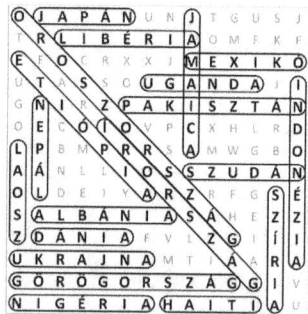

86 - Tipi di Capelli

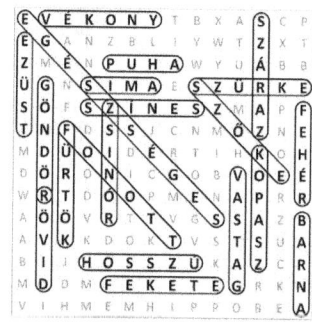

87 - Vestiti

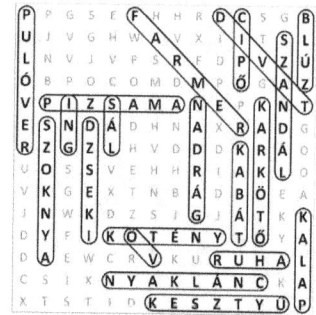

88 - Attività e Tempo Libero

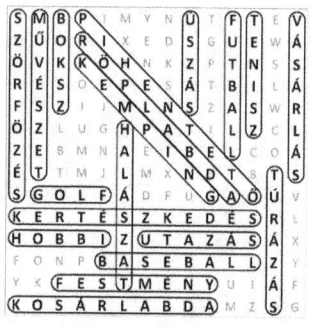

89 - Tecnologia

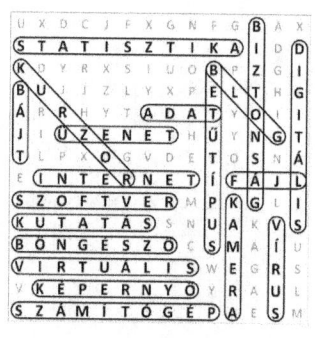

90 - Arte

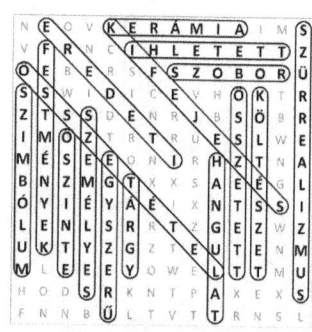

91 - Meteo

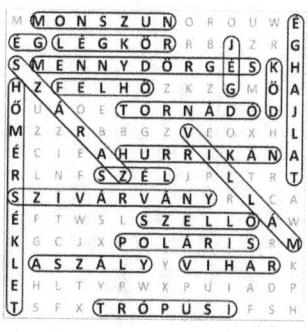

92 - Corpo Umano

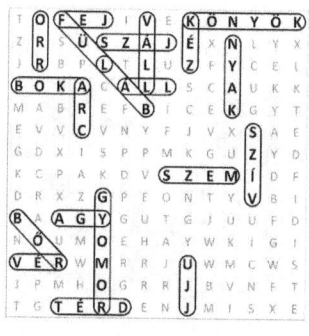

93 - Mammiferi

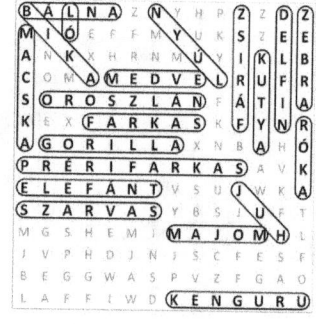

94 - Arrampicata

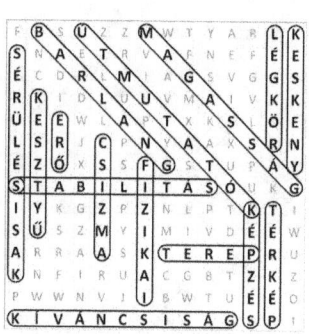

95 - Animali Domestici

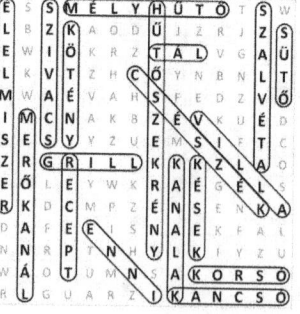

96 - Cucina

97 - Vacanze #2

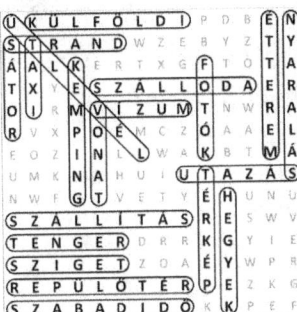

98 - Attività

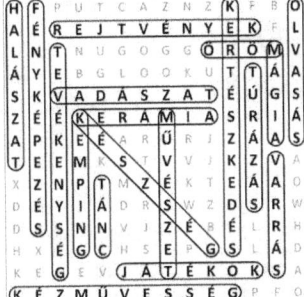

99 - Forniture Artistiche

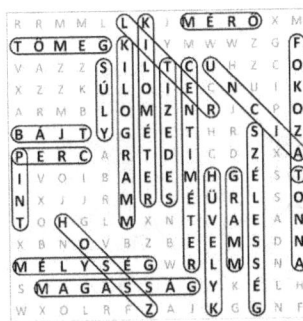

100 - Misurazioni

Dizionario

Acqua
Víz

Alluvione	Árvíz
Canale	Csatorna
Doccia	Zuhany
Evaporazione	Párolgás
Fiume	Folyó
Gelo	Fagy
Geyser	Gejzír
Ghiaccio	Jég
Irrigazione	Öntözés
Lago	Tó
Monsone	Monszun
Neve	Hó
Oceano	Óceán
Onde	Hullámok
Pioggia	Eső
Potabile	Iható
Umidità	Nedvesség
Umido	Nedves
Uragano	Hurrikán
Vapore	Gőz

Aeroplani
Repülőgépek

Altezza	Magasság
Aria	Levegő
Atmosfera	Légkör
Atterraggio	Leszállás
Avventura	Kaland
Carburante	Üzemanyag
Cielo	Ég
Costruzione	Építés
Design	Tervezés
Direzione	Irány
Discesa	Származás
Equipaggio	Legénység
Idrogeno	Hidrogén
Motore	Motor
Navigare	Hajózik
Palloncino	Ballon
Passeggero	Utas
Pilota	Pilóta
Storia	Történelem
Turbolenza	Turbulencia

Aggettivi #1
Melléknevek #1

Ambizioso	Ambiciózus
Aromatico	Aromás
Artistico	Művészi
Assoluto	Abszolút
Attivo	Aktív
Enorme	Óriási
Esotico	Egzotikus
Generoso	Nagylelkű
Giovane	Fiatal
Grande	Nagy
Identico	Azonos
Importante	Fontos
Lento	Lassú
Lungo	Hosszú
Moderno	Modern
Onesto	Őszinte
Perfetto	Tökéletes
Pesante	Nehéz
Prezioso	Értékes
Sottile	Vékony

Aggettivi #2
Melléknevek #2

Affamato	Éhes
Asciutto	Száraz
Autentico	Hiteles
Creativo	Kreatív
Descrittivo	Leíró
Dolce	Édes
Drammatico	Drámai
Elegante	Elegáns
Famoso	Híres
Forte	Erős
Interessante	Érdekes
Naturale	Természetes
Normale	Normál
Nuovo	Új
Orgoglioso	Büszke
Produttivo	Termelő
Puro	Tiszta
Responsabile	Felelős
Salato	Sós
Sano	Egészséges

Animali Domestici
Háziállatok

Acqua	Víz
Cane	Kutya
Capra	Kecske
Cibo	Élelmiszer
Coda	Farok
Collare	Gallér
Coniglio	Nyúl
Criceto	Hörcsög
Cucciolo	Kiskutya
Gattino	Cica
Gatto	Macska
Guinzaglio	Póráz
Lucertola	Gyík
Mucca	Tehén
Pappagallo	Papagáj
Pesce	Hal
Tartaruga	Teknős
Topo	Egér
Veterinario	Állatorvos
Zampe	Mancsok

Antartide
Antarktisz

Acqua	Víz
Ambiente	Környezet
Baia	Öböl
Balene	Bálnák
Conservazione	Megőrzés
Continente	Kontinens
Esplorazione	Feltárás
Geografia	Földrajz
Ghiacciai	Gleccserek
Ghiaccio	Jég
Isole	Szigetek
Migrazione	Migráció
Nuvole	Felhők
Penisola	Félsziget
Ricercatore	Kutató
Roccioso	Sziklás
Scientifico	Tudományos
Spedizione	Expedíció
Temperatura	Hőmérséklet
Topografia	Topográfia

Api
Méhek

Ali	Szárnyak
Alveare	Kaptár
Benefico	Előnyös
Cera	Viasz
Cibo	Élelmiszer
Diversità	Sokféleség
Ecosistema	Ökoszisztéma
Fiori	Virágok
Fiorire	Virág
Frutta	Gyümölcs
Fumo	Füst
Giardino	Kert
Habitat	Élőhely
Insetto	Rovar
Miele	Méz
Piante	Növények
Polline	Pollen
Regina	Királynő
Sciame	Raj
Sole	Nap

Arrampicata
Hegymászás

Altitudine	Magasság
Atmosfera	Légkör
Casco	Sisak
Curiosità	Kíváncsiság
Escursioni	Túrázás
Esperto	Szakértő
Fisico	Fizikai
Formazione	Képzés
Forza	Erő
Grotta	Barlang
Guanti	Kesztyű
Guide	Útmutatók
Lesione	Sérülés
Mappa	Térkép
Sfide	Kihívások
Stabilità	Stabilitás
Stivali	Csizma
Stretto	Keskeny
Terreno	Terep

Arte
Művészet

Ceramica	Kerámia
Complesso	Összetett
Composizione	Összetétel
Dipinti	Festmények
Espressione	Kifejezés
Ispirato	Ihletett
Onesto	Őszinte
Originale	Eredeti
Personale	Személyes
Poesia	Költészet
Scultura	Szobor
Semplice	Egyszerű
Simbolo	Szimbólum
Soggetto	Tárgy
Surrealismo	Szürrealizmus
Umore	Hangulat
Visivo	Vizuális

Arti Visive
Vizuális Művészetek

Architettura	Építészet
Argilla	Agyag
Artista	Művész
Capolavoro	Mestermű
Carbone	Faszén
Cavalletto	Festőállvány
Cera	Viasz
Ceramica	Kerámia
Composizione	Összetétel
Creatività	Kreativitás
Film	Film
Fotografia	Fénykép
Gesso	Kréta
Matita	Ceruza
Penna	Toll
Prospettiva	Perspektíva
Ritratto	Portré
Scultura	Szobor
Stampino	Stencil
Vernice	Lakk

Astronomia
Csillagászat

Asteroide	Aszteroida
Astronauta	Űrhajós
Astronomo	Csillagász
Celeste	Égi
Cielo	Ég
Cosmo	Kozmosz
Costellazione	Csillagkép
Galassia	Galaxis
Gravità	Gravitáció
Luna	Hold
Meteora	Meteor
Nebulosa	Ködfolt
Pianeta	Bolygó
Radiazione	Sugárzás
Razzo	Rakéta
Supernova	Szupernóva
Telescopio	Távcső
Terra	Föld
Universo	Univerzum
Zodiaco	Állatöv

Attività
Tevékenységek

Abilità	Készség
Arte	Művészet
Artigianato	Kézművesség
Attività	Tevékenység
Caccia	Vadászat
Campeggio	Kemping
Ceramica	Kerámia
Cucire	Varrás
Danza	Tánc
Escursioni	Túrázás
Fotografia	Fényképezés
Giardinaggio	Kertészkedés
Giochi	Játékok
Lettura	Olvasás
Magia	Mágia
Pesca	Halászat
Piacere	Öröm
Puzzle	Rejtvények
Rilassamento	Kikapcsolódás
Tempo Libero	Szabadidő

Attività e Tempo Libero
Tevékenységek és Szabadi

Arte	Művészet
Baseball	Baseball
Basket	Kosárlabda
Boxe	Boksz
Calcio	Futball
Campeggio	Kemping
Escursioni	Túrázás
Giardinaggio	Kertészkedés
Golf	Golf
Hobby	Hobbi
Immersione	Búvárkodás
Nuoto	Úszás
Pallavolo	Röplabda
Pesca	Halászat
Pittura	Festmény
Rilassante	Pihentető
Shopping	Vásárlás
Surf	Szörfözés
Tennis	Tenisz
Viaggio	Utazás

Avventura
Kaland

Amici	Barátok
Attività	Tevékenység
Bellezza	Szépség
Caso	Esély
Coraggio	Bátorság
Difficoltà	Nehézség
Entusiasmo	Lelkesedés
Escursione	Kirándulás
Gioia	Öröm
Insolito	Szokatlan
Itinerario	Útvonal
Natura	Természet
Navigazione	Navigáció
Nuovo	Új
Opportunità	Lehetőség
Pericoloso	Veszélyes
Preparazione	Előkészítés
Sfide	Kihívások
Sicurezza	Biztonság
Viaggi	Utazások

Balletto
Balett

Abilità	Készség
Applauso	Taps
Artistico	Művészi
Ballerina	Balerina
Ballerini	Táncosok
Compositore	Zeneszerző
Coreografia	Koreográfia
Espressivo	Kifejező
Gesto	Gesztus
Grazioso	Kecses
Intensità	Intenzitás
Muscoli	Izmok
Musica	Zene
Orchestra	Zenekar
Pratica	Gyakorlat
Prova	Próba
Pubblico	Közönség
Ritmo	Ritmus
Stile	Stílus
Tecnica	Technika

Barbecue
Grillezés

Caldo	Forró
Cena	Vacsora
Cibo	Élelmiszer
Cipolle	Hagyma
Coltelli	Kések
Estate	Nyár
Fame	Éhség
Famiglia	Család
Frutta	Gyümölcs
Giochi	Játékok
Griglia	Grill
Insalate	Saláták
Invito	Meghívás
Musica	Zene
Pepe	Bors
Pollo	Csirke
Pomodori	Paradicsom
Pranzo	Ebéd
Sale	Só
Salsa	Szósz

Campeggio
Kemping

Alberi	Fák
Amaca	Függőágy
Animali	Állatok
Avventura	Kaland
Bussola	Iránytű
Cabina	Kabin
Caccia	Vadászat
Canoa	Kenu
Cappello	Kalap
Corda	Kötél
Divertimento	Móka
Foresta	Erdő
Fuoco	Tűz
Insetto	Rovar
Lago	Tó
Luna	Hold
Mappa	Térkép
Montagna	Hegy
Natura	Természet
Tenda	Sátor

Campionato
Bajnokság

Allenatore	Edző
Campionato	Bajnokság
Campione	Bajnok
Finalista	Döntős
Giochi	Játékok
Giudice	Bíró
Lega	Liga
Medaglia	Érem
Motivazione	Motiváció
Prestazione	Teljesítmény
Resistenza	Kitartás
Sportivo	Sport
Squadra	Csapat
Strategia	Stratégia
Sudore	Izzadás
Torneo	Torna
Vittoria	Győzelem

Casa
Ház

Attico	Padlás
Biblioteca	Könyvtár
Camera	Szoba
Camino	Kandalló
Cucina	Konyha
Doccia	Zuhany
Finestra	Ablak
Garage	Garázs
Giardino	Kert
Lampada	Lámpa
Parete	Fal
Pavimento	Padló
Porta	Ajtó
Recinto	Kerítés
Rubinetto	Csap
Scopa	Seprű
Soffitto	Mennyezet
Specchio	Tükör
Tappeto	Szőnyeg
Tetto	Tető

Castelli
Kastélyok

Armatura	Páncél
Catapulta	Katapult
Cavaliere	Lovag
Cavallo	Ló
Corona	Korona
Dinastia	Dinasztia
Drago	Sárkány
Feudale	Feudális
Fortezza	Erőd
Impero	Birodalom
Nobile	Nemes
Palazzo	Palota
Parete	Fal
Principe	Herceg
Principessa	Hercegnő
Regno	Királyság
Scudo	Pajzs
Spada	Kard
Torre	Torony
Unicorno	Egyszarvú

Cibo #1
Élelmiszer #1

Aglio	Fokhagyma
Basilico	Bazsalikom
Cannella	Fahéj
Carne	Hús
Carota	Sárgarépa
Cipolla	Hagyma
Fragola	Eper
Insalata	Saláta
Latte	Tej
Limone	Citrom
Menta	Menta
Orzo	Árpa
Pera	Körte
Rapa	Fehérrépa
Sale	Só
Spinaci	Spenót
Succo	Gyümölcslé
Tonno	Tonhal
Torta	Torta
Zucchero	Cukor

Cibo #2
Élelmiszer # 2

Banana	Banán
Broccolo	Brokkoli
Ciliegia	Cseresznye
Cioccolato	Csokoládé
Formaggio	Sajt
Fungo	Gomba
Grano	Búza
Kiwi	Kivi
Mela	Alma
Melanzana	Padlizsán
Pane	Kenyér
Pesce	Hal
Pollo	Csirke
Pomodoro	Paradicsom
Prosciutto	Sonka
Riso	Rizs
Sedano	Zeller
Uovo	Tojás
Uva	Szőlő
Yogurt	Joghurt

Cioccolato
Csokoládé

Amaro	Keserű
Antiossidante	Antioxidáns
Aroma	Aroma
Brama	Sóvárgás
Cacao	Kakaó
Calorie	Kalória
Caramella	Cukorka
Caramello	Karamell
Delizioso	Finom
Dolce	Édes
Esotico	Egzotikus
Gusto	Íz
Ingrediente	Összetevő
Mangiare	Enni
Noce di Cocco	Kókuszdió
Polvere	Por
Preferito	Kedvenc
Qualità	Minőség
Ricetta	Recept
Zucchero	Cukor

Circo
Cirkusz

Acrobata	Akrobata
Animali	Állatok
Biglietto	Jegy
Caramella	Cukorka
Clown	Bohóc
Costume	Jelmez
Elefante	Elefánt
Giocoliere	Zsonglőr
Leone	Oroszlán
Magia	Mágia
Mago	Bűvész
Musica	Zene
Palloncini	Léggömbök
Parata	Parádé
Scimmia	Majom
Spettacolare	Látványos
Spettatore	Néző
Tenda	Sátor
Tigre	Tigris
Trucco	Trükk

Città
Város

Aeroporto	Repülőtér
Banca	Bank
Biblioteca	Könyvtár
Cinema	Mozi
Clinica	Klinika
Farmacia	Gyógyszertár
Fiorista	Virágárus
Galleria	Galéria
Hotel	Szálloda
Libreria	Könyvesbolt
Mercato	Piac
Museo	Múzeum
Negozio	Bolt
Panetteria	Pékség
Scuola	Iskola
Stadio	Stadion
Supermercato	Szupermarket
Teatro	Színház
Università	Egyetem
Zoo	Állatkert

Colori
Színek

Arancia	Narancs
Beige	Bézs
Bianco	Fehér
Blu	Kék
Ciano	Cián
Fucsia	Fukszia
Giallo	Sárga
Grigio	Szürke
Indaco	Indigó
Magenta	Bíborvörös
Marrone	Barna
Nero	Fekete
Rosa	Rózsaszín
Rosso	Piros
Seppia	Szépia
Verde	Zöld
Viola	Lila

Compleanno
Születésnap

Amici	Barátok
Anno	Év
Calendario	Naptár
Candele	Gyertyák
Canzone	Dal
Carte	Kártyák
Celebrazione	Ünneplés
Divertimento	Móka
Felice	Boldog
Gioioso	Vidám
Giorno	Nap
Giovane	Fiatal
Grande	Nagy
Inviti	Meghívók
Nato	Született
Regalo	Ajándék
Saggezza	Bölcsesség
Speciale	Különleges
Tempo	Idő
Torta	Torta

Conservazione
Természetvédelmi

Acqua	Víz
Ambientale	Környezeti
Cambiamenti	Változások
Ciclo	Ciklus
Clima	Éghajlat
Ecosistema	Ökoszisztéma
Educazione	Oktatás
Habitat	Élőhely
Inquinamento	Szennyezés
Naturale	Természetes
Organico	Szerves
Pesticida	Peszticid
Riciclare	Újrahasznosít
Ridurre	Csökkentés
Salute	Egészség
Sostenibile	Fenntartható
Verde	Zöld
Volontario	Önkéntes

Corpo Umano
Emberi Test

Bocca	Száj
Caviglia	Boka
Cervello	Agy
Collo	Nyak
Cuore	Szív
Dito	Ujj
Faccia	Arc
Gamba	Láb
Ginocchio	Térd
Gomito	Könyök
Mano	Kéz
Mento	Áll
Naso	Orr
Occhio	Szem
Orecchio	Fül
Pelle	Bőr
Sangue	Vér
Spalla	Váll
Stomaco	Gyomor
Testa	Fej

Cucina
Konyha

Bollitore	Vízforraló
Brocca	Kancsó
Cibo	Élelmiszer
Ciotola	Tál
Coltelli	Kések
Congelatore	Mélyhűtő
Cucchiai	Kanalak
Forchette	Villa
Forno	Sütő
Frigorifero	Hűtőszekrény
Grembiule	Kötény
Griglia	Grill
Mangiare	Enni
Mestolo	Merőkanál
Ricetta	Recept
Spezie	Fűszerek
Spugna	Szivacs
Tazze	Csészék
Tovagliolo	Szalvéta
Vaso	Korsó

Danza
Tánc

Accademia	Akadémia
Arte	Művészet
Classico	Klasszikus
Compagno	Partner
Coreografia	Koreográfia
Corpo	Test
Cultura	Kultúra
Culturale	Kulturális
Emozione	Érzelem
Espressivo	Kifejező
Gioioso	Vidám
Grazia	Kegyelem
Movimento	Mozgás
Musica	Zene
Postura	Testtartás
Prova	Próba
Ritmo	Ritmus
Tradizionale	Hagyományos
Visivo	Vizuális

Dinosauri
Dinoszauruszok

Ali	Szárnyak
Carnivoro	Húsevő
Coda	Farok
Enorme	Hatalmas
Erbivoro	Növényevő
Evoluzione	Evolúció
Fossili	Fosszíliák
Grande	Nagy
Mammut	Mamut
Onnivoro	Mindenevő
Potente	Erős
Preda	Zsákmány
Preistorico	Őskori
Rapace	Raptor
Rettile	Hüllő
Scomparsa	Eltűnés
Specie	Faj
Taglia	Méret
Terra	Föld
Vizioso	Gonosz

Discipline Scientifiche
Tudományos Tudományágak

Anatomia	Anatómia
Archeologia	Régészet
Astronomia	Csillagászat
Biochimica	Biokémia
Biologia	Biológia
Botanica	Botanika
Chimica	Kémia
Ecologia	Ökológia
Fisiologia	Fiziológia
Geologia	Geológia
Immunologia	Immunológia
Linguistica	Nyelvészet
Meccanica	Mechanika
Meteorologia	Meteorológia
Mineralogia	Ásványtan
Neurologia	Neurológia
Psicologia	Pszichológia
Sociologia	Szociológia
Termodinamica	Termodinamika
Zoologia	Állattan

Ecologia
Ökológia

Clima	Éghajlat
Comunità	Közösségek
Diversità	Sokféleség
Fauna	Fauna
Flora	Növényvilág
Globale	Globális
Habitat	Élőhely
Marino	Tengeri
Natura	Természet
Naturale	Természetes
Palude	Mocsár
Piante	Növények
Risorse	Források
Siccità	Aszály
Sopravvivenza	Túlélés
Sostenibile	Fenntartható
Specie	Faj
Varietà	Fajta
Vegetazione	Növényzet
Volontari	Önkéntesek

Edifici
Épületek

Ambasciata	Nagykövetség
Appartamento	Lakás
Cabina	Kabin
Castello	Vár
Cinema	Mozi
Fabbrica	Gyár
Fattoria	Gazdaság
Fienile	Pajta
Hotel	Szálloda
Laboratorio	Laboratórium
Museo	Múzeum
Ospedale	Kórház
Ostello	Szálló
Scuola	Iskola
Stadio	Stadion
Supermercato	Szupermarket
Teatro	Színház
Tenda	Sátor
Torre	Torony
Università	Egyetem

Emozioni
Érzelmek

Amore	Szeretet
Beatitudine	Boldogság
Calma	Nyugodt
Contenuto	Tartalom
Eccitato	Izgatott
Gentilezza	Kedvesség
Gioia	Öröm
Grato	Hálás
Imbarazzato	Zavart
Noia	Unalom
Pace	Béke
Paura	Félelem
Rabbia	Harag
Simpatia	Szimpátia
Soddisfatto	Elégedett
Sorpresa	Meglepetés
Tenerezza	Gyengédség
Tranquillità	Nyugalom
Tristezza	Szomorúság

Erboristeria
Herbalism

Aglio	Fokhagyma
Aneto	Kapor
Aromatico	Aromás
Basilico	Bazsalikom
Culinario	Konyhai
Dragoncello	Tárkony
Finocchio	Édeskömény
Fiore	Virág
Giardino	Kert
Ingrediente	Összetevő
Lavanda	Levendula
Maggiorana	Majoránna
Menta	Menta
Origano	Oregánó
Prezzemolo	Petrezselyem
Qualità	Minőség
Rosmarino	Rozmaring
Timo	Kakukkfű
Verde	Zöld
Zafferano	Sáfrány

Escursionismo
Túrázás

Acqua	Víz
Animali	Állatok
Campeggio	Kemping
Clima	Éghajlat
Guide	Útmutatók
Mappa	Térkép
Montagna	Hegy
Natura	Természet
Orientamento	Orientáció
Parchi	Parkok
Pericoli	Veszélyek
Pesante	Nehéz
Pietre	Kövek
Preparazione	Előkészítés
Scogliera	Szikla
Selvaggio	Vad
Sole	Nap
Stanco	Fáradt
Stivali	Csizma
Zanzare	Szúnyogok

Esplorazione
Felfedezés

Animali	Állatok
Attività	Tevékenység
Coraggio	Bátorság
Culture	Kultúrák
Determinazione	Meghatározás
Eccitazione	Izgalom
Esaurimento	Kimerültség
Lingua	Nyelv
Nuovo	Új
Per Imparare	Tanulni
Pericoli	Veszélyek
Pericoloso	Veszélyes
Sconosciuto	Ismeretlen
Scoperta	Felfedezés
Selvaggio	Vad
Spazio	Tér
Terreno	Terep
Viaggio	Utazás

Estate
Nyár

Amici	Barátok
Campeggio	Kemping
Casa	Otthon
Cibo	Élelmiszer
Famiglia	Család
Giardino	Kert
Giochi	Játékok
Gioia	Öröm
Immersione	Búvárkodás
Libri	Könyvek
Mare	Tenger
Musica	Zene
Ricordi	Emlékek
Rilassamento	Kikapcsolódás
Sandali	Szandál
Spiaggia	Strand
Stelle	Csillagok
Tempo Libero	Szabadidő
Vacanza	Nyaralás
Viaggio	Utazás

Famiglia
Család

Antenato	Ős
Bambini	Gyermekek
Bambino	Gyermek
Cugino	Unokatestvér
Figlia	Lánya
Fratello	Testvér
Gemelli	Ikrek
Infanzia	Gyermekkor
Madre	Anya
Marito	Férj
Materno	Anyai
Moglie	Feleség
Nipote	Unokaöcs
Nonna	Nagymama
Nonno	Nagyapa
Padre	Apa
Paterno	Apai
Zia	Néni
Zio	Nagybácsi

Fantascienza
Sci-Fi

Atomico	Atomi
Cinema	Mozi
Distopia	Dystopia
Esplosione	Robbanás
Estremo	Szélsőséges
Fantastico	Fantasztikus
Fuoco	Tűz
Futuristico	Futurisztikus
Galassia	Galaxis
Illusione	Illúzió
Immaginario	Képzeletbeli
Libri	Könyvek
Misterioso	Rejtélyes
Mondo	Világ
Oracolo	Jóslat
Pianeta	Bolygó
Realistico	Reális
Robot	Robotok
Tecnologia	Technológia
Utopia	Utópia

Fattoria #1
Gazdaság #1

Acqua	Víz
Agricoltura	Mezőgazdaság
Ape	Méh
Asino	Szamár
Campo	Mező
Cane	Kutya
Capra	Kecske
Cavallo	Ló
Fertilizzante	Trágya
Fieno	Széna
Gatto	Macska
Gregge	Nyáj
Maiale	Malac
Miele	Méz
Mucca	Tehén
Pollo	Csirke
Recinto	Kerítés
Riso	Rizs
Semi	Magok
Vitello	Borjú

Fattoria #2
2. Gazdaság

Agnello	Bárány
Agricoltore	Gazda
Alveare	Méhkas
Anatra	Kacsa
Animali	Állatok
Cibo	Élelmiszer
Fienile	Pajta
Frutta	Gyümölcs
Frutteto	Gyümölcsös
Grano	Búza
Irrigazione	Öntözés
Lama	Láma
Latte	Tej
Mais	Kukorica
Oche	Libák
Orzo	Árpa
Pastore	Pásztor
Pecora	Juh
Prato	Rét
Trattore	Traktor

Fiori
Virágok

Gardenia	Gardénia
Gelsomino	Jázmin
Giglio	Liliom
Girasole	Napraforgó
Ibisco	Hibiszkusz
Lavanda	Levendula
Lilla	Halványlila
Magnolia	Magnólia
Margherita	Százszorszép
Mazzo	Csokor
Narciso	Nárcisz
Orchidea	Orchidea
Papavero	Mák
Passiflora	Golgotavirág
Peonia	Bazsarózsa
Petalo	Szirom
Plumeria	Plumeria
Rosa	Rózsa
Trifoglio	Lóhere
Tulipano	Tulipán

Foresta Pluviale
Esőerdők

Anfibi	Kétéltűek
Botanico	Botanika
Clima	Éghajlat
Comunità	Közösség
Diversità	Sokféleség
Giungla	Dzsungel
Insetti	Rovarok
Mammiferi	Emlősök
Muschio	Moha
Natura	Természet
Nuvole	Felhők
Preservazione	Megőrzés
Prezioso	Értékes
Restauro	Helyreállítás
Rifugio	Menedék
Rispetto	Tisztelet
Sopravvivenza	Túlélés
Specie	Faj
Uccelli	Madarak

Forme
Alakzatok

Angolo	Sarok
Arco	Ív
Bordi	Élek
Cerchio	Kör
Cilindro	Henger
Cono	Kúp
Cubo	Kocka
Ellisse	Ellipszis
Iperbole	Hiperbola
Lato	Oldal
Linea	Vonal
Ovale	Ovális
Piramide	Piramis
Poligono	Poligon
Prisma	Prizma
Quadrato	Négyzet
Rettangolo	Téglalap
Rotondo	Kerek
Sfera	Gömb
Triangolo	Háromszög

Forniture Artistiche
Művészeti Kellékek

Acqua	Víz
Acquerelli	Akvarellek
Acrilico	Akril
Argilla	Agyag
Carbone	Faszén
Carta	Papír
Cavalletto	Festőállvány
Colla	Ragasztó
Colori	Színek
Creatività	Kreativitás
Gomma	Radír
Idee	Ötletek
Inchiostro	Tinta
Matite	Ceruzák
Olio	Olaj
Pastelli	Pasztell
Sedia	Szék
Spazzole	Ecsetek
Tavolo	Asztal
Telecamera	Kamera

Frutta
Gyümölcs

Albicocca	Sárgabarack
Ananas	Ananász
Arancia	Narancs
Avocado	Avokádó
Bacca	Bogyó
Banana	Banán
Ciliegia	Cseresznye
Kiwi	Kivi
Lampone	Málna
Limone	Citrom
Mango	Mangó
Mela	Alma
Melone	Dinnye
Mora	Szeder
Nettarina	Nektarin
Papaia	Papaja
Pera	Körte
Pesca	Őszibarack
Prugna	Szilva
Uva	Szőlő

Gatti
Macskák

Artiglio	Karom
Cacciatore	Vadász
Coda	Farok
Curioso	Kíváncsi
Divertente	Vicces
Dormire	Alvás
Filo	Fonal
Giocoso	Játékos
Indipendente	Független
Pazzo	Őrült
Pelliccia	Szőrme
Personalità	Személyiség
Poco	Kis
Selvaggio	Vad
Timido	Félénk
Topo	Egér
Veloce	Gyors
Zampa	Mancs

Geografia
Földrajz

Altitudine	Magasság
Atlante	Atlasz
Città	Város
Continente	Kontinens
Emisfero	Félteke
Fiume	Folyó
Isola	Sziget
Latitudine	Szélesség
Longitudine	Hosszúság
Mappa	Térkép
Mare	Tenger
Meridiano	Meridián
Mondo	Világ
Montagna	Hegy
Nord	Észak
Ovest	Nyugat
Paese	Ország
Regione	Vidék
Sud	Dél
Territorio	Terület

Geologia
Geológia

Acido	Sav
Altopiano	Fennsík
Calcio	Kalcium
Caverna	Barlang
Continente	Kontinens
Corallo	Korall
Cristalli	Kristályok
Erosione	Erózió
Fossile	Fosszilis
Geyser	Gejzír
Lava	Láva
Pietra	Kő
Quarzo	Kvarc
Sale	Só
Stalagmiti	Sztalagmitok
Stalattite	Cseppkő
Strato	Réteg
Terremoto	Földrengés
Vulcano	Vulkán
Zona	Zóna

Giardino
Kert

Albero	Fa
Amaca	Függőágy
Cespuglio	Bokor
Erba	Fű
Erbacce	Gyomok
Fiore	Virág
Frutteto	Gyümölcsös
Garage	Garázs
Giardino	Kert
Pala	Lapát
Panca	Pad
Prato	Gyep
Rastrello	Gereblye
Recinto	Kerítés
Stagno	Tavacska
Suolo	Talaj
Terrazza	Terasz
Trampolino	Trambulin
Tubo	Tömlő
Vite	Szőlő

Giocattoli
Játékok

Aereo	Repülőgép
Aquilone	Sárkány
Argilla	Agyag
Artigianato	Kézművesség
Auto	Autó
Bambola	Baba
Barca	Hajó
Batteria	Dobok
Bicicletta	Kerékpár
Camion	Kamion
Giochi	Játékok
Immaginazione	Képzelet
Libri	Könyvek
Palla	Labda
Preferito	Kedvenc
Puzzle	Puzzle
Robot	Robot
Scacchi	Sakk
Treno	Vonat
Vernici	Festékek

Giorni e Mesi
Napok és Hónapok

Agosto	Augusztus
Anno	Év
Aprile	Április
Calendario	Naptár
Dicembre	December
Domenica	Vasárnap
Febbraio	Február
Gennaio	Január
Giugno	Június
Luglio	Július
Lunedì	Hétfő
Martedì	Kedd
Mercoledì	Szerda
Mese	Hónap
Novembre	November
Ottobre	Október
Sabato	Szombat
Settembre	Szeptember
Settimana	Hét
Venerdì	Péntek

Guida
Vezetés

Auto	Autó
Autobus	Busz
Carburante	Üzemanyag
Freni	Fékek
Garage	Garázs
Gas	Gáz
Incidente	Baleset
Licenza	Engedély
Mappa	Térkép
Moto	Motorkerékpár
Motore	Motor
Pedonale	Gyalogos
Pericolo	Veszély
Polizia	Rendőrség
Sicurezza	Biztonság
Strada	Út
Traffico	Forgalom
Trasporto	Szállítás
Tunnel	Alagút
Velocità	Sebesség

Imbarcazioni
Csónakok

Albero	Árboc
Ancora	Horgony
Barca a Vela	Vitorlás
Boa	Bója
Canoa	Kenu
Corda	Kötél
Equipaggio	Legénység
Fiume	Folyó
Kayak	Kajak
Lago	Tó
Mare	Tenger
Marea	Dagály
Marinaio	Tengerész
Motore	Motor
Nautico	Tengeri
Oceano	Óceán
Onde	Hullámok
Traghetto	Komp
Yacht	Jacht
Zattera	Tutaj

Insetti
Rovarok

Afide	Levéltetű
Ape	Méh
Cavalletta	Szöcske
Cicala	Kabóca
Coccinella	Katicabogár
Coleottero	Bogár
Falena	Moly
Farfalla	Pillangó
Formica	Hangya
Larva	Lárva
Libellula	Szitakötő
Mantide	Sáska
Pulce	Bolha
Scarafaggio	Csótány
Termite	Termesz
Verme	Féreg
Vespa	Darázs
Zanzara	Szúnyog

Letteratura
Irodalom

Analisi	Elemzés
Analogia	Analógia
Aneddoto	Anekdota
Autore	Szerző
Biografia	Életrajz
Conclusione	Következtetés
Critica	Kritika
Descrizione	Leírás
Dialogo	Párbeszéd
Genere	Műfaj
Metafora	Metafora
Opinione	Vélemény
Poesia	Vers
Poetico	Költői
Rima	Rím
Ritmo	Ritmus
Romanzo	Regény
Stile	Stílus
Tema	Téma
Tragedia	Tragédia

Libri
Könyvek

Autore	Szerző
Avventura	Kaland
Collezione	Gyűjtemény
Contesto	Kontextus
Dualità	Kettősség
Epico	Epikus
Inventivo	Találékony
Letterario	Irodalmi
Lettore	Olvasó
Narratore	Narrátor
Pagina	Oldal
Poesia	Költészet
Rilevante	Ide Vonatkozó
Romanzo	Regény
Scritto	Írott
Serie	Sorozat
Storia	Történet
Storico	Történelmi
Tragico	Tragikus
Umoristico	Tréfás

Mammiferi
Emlősök

Balena	Bálna
Cane	Kutya
Canguro	Kenguru
Cavallo	Ló
Cervo	Szarvas
Coniglio	Nyúl
Coyote	Prérifarkas
Delfino	Delfin
Elefante	Elefánt
Gatto	Macska
Giraffa	Zsiráf
Gorilla	Gorilla
Leone	Oroszlán
Lupo	Farkas
Orso	Medve
Pecora	Juh
Scimmia	Majom
Toro	Bika
Volpe	Róka
Zebra	Zebra

Matematica
Matematika

Angoli	Szögek
Aritmetica	Számtan
Decimale	Tizedes
Diametro	Átmérő
Equazione	Egyenlet
Esponente	Kitevő
Frazione	Töredék
Geometria	Geometria
Numeri	Számok
Parallelo	Párhuzamos
Perimetro	Kerület
Perpendicolare	Merőleges
Poligono	Poligon
Quadrato	Négyzet
Raggio	Sugár
Rettangolo	Téglalap
Sfera	Gömb
Simmetria	Szimmetria
Somma	Összeg
Triangolo	Háromszög

Meditazione
Elmélkedés

Accettazione	Elfogadás
Attenzione	Figyelem
Calma	Nyugodt
Chiarezza	Világosság
Compassione	Együttérzés
Emozioni	Érzelmek
Gentilezza	Kedvesség
Gratitudine	Hála
Mentale	Mentális
Mente	Elme
Movimento	Mozgás
Musica	Zene
Natura	Természet
Osservazione	Megfigyelés
Pace	Béke
Pensieri	Gondolatok
Postura	Testtartás
Prospettiva	Perspektíva
Respirazione	Légzés
Silenzio	Csend

Meteo
Időjárás

Arcobaleno	Szivárvány
Asciutto	Száraz
Atmosfera	Légkör
Brezza	Szellő
Cielo	Ég
Clima	Éghajlat
Fulmine	Villám
Ghiaccio	Jég
Monsone	Monszun
Nebbia	Köd
Nube	Felhő
Polare	Poláris
Siccità	Aszály
Temperatura	Hőmérséklet
Tempesta	Vihar
Tornado	Tornádó
Tropicale	Trópusi
Tuono	Mennydörgés
Uragano	Hurrikán
Vento	Szél

Misurazioni
Mérések

Altezza	Magasság
Byte	Bájt
Centimetro	Centiméter
Chilogrammo	Kilogramm
Chilometro	Kilométer
Decimale	Tizedes
Grado	Fokozat
Grammo	Gramm
Larghezza	Szélesség
Litro	Liter
Lunghezza	Hossz
Massa	Tömeg
Metro	Mérő
Minuto	Perc
Oncia	Uncia
Peso	Súly
Pinta	Pint
Pollice	Hüvelyk
Profondità	Mélység
Tonnellata	Tonna

Mitologia
Mitológia

Archetipo	Archetípus
Comportamento	Viselkedés
Creatura	Teremtmény
Creazione	Teremtés
Credenze	Hiedelmek
Cultura	Kultúra
Disastro	Katasztrófa
Divinità	Istenségek
Eroe	Hős
Forza	Erő
Fulmine	Villám
Gelosia	Féltékenység
Guerriero	Harcos
Labirinto	Labirintus
Leggenda	Legenda
Magico	Mágikus
Mortale	Halandó
Mostro	Szörny
Tuono	Mennydörgés
Vendetta	Bosszú

Mobili
Bútor

Amaca	Függőágy
Armoire	Armoire
Cuscini	Párnák
Cuscino	Párna
Divano	Kanapé
Futon	Futon
Lampada	Lámpa
Letto	Ágy
Libreria	Könyvespolc
Materasso	Matrac
Panca	Pad
Poltrona	Fotel
Scaffali	Polcok
Scrivania	Íróasztal
Sedia	Szék
Specchio	Tükör
Tappeto	Szőnyeg
Tende	Függönyök

Natura
Természet

Animali	Állatok
Api	Méhek
Artico	Sarkvidéki
Bellezza	Szépség
Deserto	Sivatag
Dinamico	Dinamikus
Erosione	Erózió
Fiume	Folyó
Fogliame	Lombozat
Foresta	Erdő
Ghiacciaio	Gleccser
Montagne	Hegyek
Nebbia	Köd
Nuvole	Felhők
Rifugio	Menedék
Santuario	Szentély
Selvaggio	Vad
Sereno	Derűs
Tropicale	Trópusi
Vitale	Létfontosságú

Numeri
Számok

Cinque	Öt
Decimale	Tizedes
Diciannove	Tizenkilenc
Diciassette	Tizenhét
Diciotto	Tizennyolc
Dieci	Tíz
Dodici	Tizenkettő
Due	Kettő
Nove	Kilenc
Otto	Nyolc
Quattordici	Tizennégy
Quattro	Négy
Quindici	Tizenöt
Sedici	Tizenhat
Sei	Hat
Sette	Hét
Tre	Három
Tredici	Tizenhárom
Venti	Húsz
Zero	Nulla

Nutrizione
Teljesítmény

Amaro	Keserű
Appetito	Étvágy
Calorie	Kalória
Carboidrati	Szénhidrátok
Commestibile	Ehető
Dieta	Diéta
Digestione	Emésztés
Fermentazione	Erjesztés
Gusto	Íz
Liquidi	Folyadékok
Nutriente	Tápanyag
Peso	Súly
Proteine	Fehérjék
Qualità	Minőség
Salsa	Szósz
Salute	Egészség
Sano	Egészséges
Spezie	Fűszerek
Tossina	Toxin
Vitamina	Vitamin

Oceano
Óceán

Anguilla	Angolna
Balena	Bálna
Barca	Hajó
Corallo	Korall
Delfino	Delfin
Gamberetto	Garnélarák
Granchio	Rák
Maree	Árapály
Medusa	Medúza
Onde	Hullámok
Ostrica	Osztriga
Pesce	Hal
Polpo	Polip
Sale	Só
Scogliera	Zátony
Spugna	Szivacs
Squalo	Cápa
Tartaruga	Teknős
Tempesta	Vihar
Tonno	Tonhal

Paesaggi
Tájképek

Cascata	Vízesés
Collina	Domb
Deserto	Sivatag
Fiume	Folyó
Geyser	Gejzír
Ghiacciaio	Gleccser
Grotta	Barlang
Iceberg	Jéghegy
Isola	Sziget
Lago	Tó
Mare	Tenger
Montagna	Hegy
Oasi	Oázis
Oceano	Óceán
Palude	Mocsár
Penisola	Félsziget
Spiaggia	Strand
Tundra	Tundra
Valle	Völgy
Vulcano	Vulkán

Paesi #2
Országok #2

Albania	Albánia
Danimarca	Dánia
Etiopia	Etiópia
Giamaica	Jamaica
Giappone	Japán
Grecia	Görögország
Haiti	Haiti
Indonesia	Indonézia
Irlanda	Írország
Laos	Laosz
Liberia	Libéria
Messico	Mexikó
Nepal	Nepál
Nigeria	Nigéria
Pakistan	Pakisztán
Russia	Oroszország
Siria	Szíria
Sudan	Szudán
Ucraina	Ukrajna
Uganda	Uganda

Pesca
Halászat

Acqua	Víz
Attrezzatura	Felszerelés
Barca	Hajó
Branchie	Kopoltyúk
Cesto	Kosár
Cucinare	Szakács
Esagerazione	Túlzás
Esca	Csali
Filo	Drót
Fiume	Folyó
Gancio	Horog
Lago	Tó
Mascella	Állkapocs
Oceano	Óceán
Pazienza	Türelem
Peso	Súly
Pinne	Uszonyok
Spiaggia	Strand
Stagione	Évszak

Piante
Növények

Albero	Fa
Bacca	Bogyó
Bambù	Bambusz
Botanica	Botanika
Cactus	Kaktusz
Cespuglio	Bokor
Crescere	Nő
Edera	Borostyán
Erba	Fű
Fagiolo	Bab
Fertilizzante	Trágya
Fiore	Virág
Flora	Növényvilág
Fogliame	Lombozat
Foresta	Erdő
Giardino	Kert
Muschio	Moha
Petalo	Szirom
Radice	Gyökér
Vegetazione	Növényzet

Pirati
Kalózok

Ancora	Horgony
Avventura	Kaland
Bandiera	Zászló
Bussola	Iránytű
Capitano	Kapitány
Cattivo	Rossz
Cicatrice	Heg
Equipaggio	Legénység
Grotta	Barlang
Isola	Sziget
Leggenda	Legenda
Mappa	Térkép
Monete	Érmék
Oro	Arany
Pappagallo	Papagáj
Pericolo	Veszély
Rum	Rum
Spada	Kard
Spiaggia	Strand
Tesoro	Kincs

Professioni #1
Foglalkozások #1

Allenatore	Edző
Ambasciatore	Nagykövet
Artista	Művész
Astronomo	Csillagász
Avvocato	Ügyvéd
Ballerino	Táncos
Banchiere	Bankár
Cacciatore	Vadász
Cartografo	Térképész
Editore	Szerkesztő
Farmacista	Gyógyszerész
Geologo	Geológus
Gioielliere	Ékszerész
Infermiera	Ápoló
Marinaio	Tengerész
Musicista	Zenész
Pianista	Zongorista
Psicologo	Pszichológus
Scienziato	Tudós
Veterinario	Állatorvos

Professioni #2
Foglalkozások #2

Astronauta	Űrhajós
Bibliotecario	Könyvtáros
Biologo	Biológus
Chirurgo	Sebész
Dentista	Fogorvos
Detective	Nyomozó
Filosofo	Filozófus
Fotografo	Fotós
Giardiniere	Kertész
Giornalista	Újságíró
Illustratore	Illusztrátor
Ingegnere	Mérnök
Insegnante	Tanár
Inventore	Feltaláló
Linguista	Nyelvész
Medico	Orvos
Pilota	Pilóta
Pittore	Festő
Ricercatore	Kutató
Zoologo	Zoológus

Riempire
Töltse Ki

Barile	Hordó
Borsa	Táska
Bottiglia	Üveg
Busta	Boríték
Cartella	Mappa
Cartone	Karton
Cassa	Láda
Cassetto	Fiók
Cesto	Kosár
Nave	Hajó
Pacchetto	Csomag
Scatola	Doboz
Secchio	Vödör
Tasca	Zseb
Tubo	Cső
Valigia	Bőrönd
Vasca	Kád
Vaso	Váza
Vassoio	Tálca

Ristorante #1
Étterem #1

Allergia	Allergia
Caffè	Kávé
Cameriera	Pincérnő
Carne	Hús
Cassiere	Pénztáros
Cibo	Élelmiszer
Ciotola	Tál
Coltello	Kés
Cucina	Konyha
Dessert	Desszert
Ingredienti	Összetevők
Mangiare	Enni
Menù	Menü
Pane	Kenyér
Piatto	Tányér
Piccante	Fűszeres
Pollo	Csirke
Prenotazione	Foglalás
Salsa	Szósz
Tovagliolo	Szalvéta

Ristorante #2
Étterem #2

Acqua	Víz
Aperitivo	Előétel
Bevanda	Ital
Cameriere	Pincér
Cena	Vacsora
Cucchiaio	Kanál
Delizioso	Finom
Forchetta	Villa
Frutta	Gyümölcs
Ghiaccio	Jég
Insalata	Saláta
Minestra	Leves
Pesce	Hal
Pranzo	Ebéd
Sale	Só
Sedia	Szék
Spezie	Fűszerek
Torta	Torta
Uova	Tojás
Verdure	Zöldségek

Scacchi
Sakk

Avversario	Ellenfél
Bianco	Fehér
Campione	Bajnok
Concorso	Verseny
Diagonale	Átlós
Giocatore	Játékos
Gioco	Játék
Intelligente	Okos
Nero	Fekete
Passivo	Passzív
Per Imparare	Tanulni
Punti	Pontok
Re	Király
Regina	Királynő
Regole	Szabályok
Sacrificio	Áldozat
Sfide	Kihívások
Strategia	Stratégia
Tempo	Idő
Torneo	Torna

Scienza
Tudomány

Atomo	Atom
Chimico	Kémiai
Clima	Éghajlat
Dati	Adat
Esperimento	Kísérlet
Evoluzione	Evolúció
Fatto	Tény
Fisica	Fizika
Fossile	Fosszilis
Gravità	Gravitáció
Ipotesi	Hipotézis
Laboratorio	Laboratórium
Metodo	Módszer
Molecole	Molekulák
Natura	Természet
Organismo	Szervezet
Osservazione	Megfigyelés
Particelle	Részecskék
Piante	Növények
Scienziato	Tudós

Scuola #1
Iskola #1

Alfabeto	Ábécé
Amici	Barátok
Aula	Tanterem
Biblioteca	Könyvtár
Carta	Papír
Cartelle	Mappák
Divertimento	Móka
Esami	Vizsgák
Insegnante	Tanár
Libri	Könyvek
Matematica	Matematika
Matita	Ceruza
Numeri	Számok
Penne	Toll
Pranzo	Ebéd
Quiz	Kvíz
Risposte	Válaszok
Scrivania	Íróasztal
Scrivere	Írni
Sedia	Szék

Scuola #2
Iskola #2

Accademico	Akadémiai
Autobus	Busz
Biblioteca	Könyvtár
Calendario	Naptár
Carta	Papír
Computer	Számítógép
Dizionario	Szótár
Educazione	Oktatás
Forbici	Olló
Giochi	Játékok
Grammatica	Nyelvtan
Insegnante	Tanár
Letteratura	Irodalom
Lettura	Olvasás
Libri	Könyvek
Matematica	Matematika
Matita	Ceruza
Scarpe	Cipő
Scienza	Tudomány
Zaino	Hátizsák

Spezie
Fűszerek

Aglio	Fokhagyma
Amaro	Keserű
Anice	Ánizs
Cannella	Fahéj
Cardamomo	Kardamom
Cipolla	Hagyma
Coriandolo	Koriander
Cumino	Kömény
Curcuma	Kurkuma
Curry	Curry
Dolce	Édes
Finocchio	Édeskömény
Liquirizia	Édesgyökér
Noce Moscata	Szerecsendió
Paprika	Paprika
Pepe	Bors
Sale	Só
Vaniglia	Vanília
Zafferano	Sáfrány
Zenzero	Gyömbér

Spiaggia
Strand

Asciugamano	Törülköző
Barca	Hajó
Barca a Vela	Vitorlás
Blu	Kék
Costa	Part
Dock	Dokk
Granchio	Rák
Isola	Sziget
Laguna	Lagúna
Mare	Tenger
Nuotare	Úszni
Oceano	Óceán
Ombrello	Esernyő
Sabbia	Homok
Sandali	Szandál
Scogliera	Zátony
Sole	Nap
Vacanza	Nyaralás

Sport
Sport

Allenatore	Edző
Arbitro	Játékvezető
Atleta	Atléta
Baseball	Baseball
Basket	Kosárlabda
Bicicletta	Kerékpár
Campionato	Bajnokság
Ginnastica	Torna
Giocatore	Játékos
Gioco	Játék
Golf	Golf
Hockey	Hoki
Movimento	Mozgás
Nuotare	Úszni
Squadra	Csapat
Stadio	Stadion
Tennis	Tenisz
Vincitore	Győztes

Strumenti Musicali
Hangszerek

Armonica	Harmonika
Arpa	Hárfa
Banjo	Bendzsó
Carillon	Harangjáték
Chitarra	Gitár
Clarinetto	Klarinét
Fagotto	Fagott
Flauto	Fuvola
Gong	Gong
Mandolino	Mandolin
Marimba	Marimba
Oboe	Oboa
Pianoforte	Zongora
Sassofono	Szaxofon
Tamburello	Csörgődob
Tamburo	Dob
Tromba	Trombita
Trombone	Harsona
Violino	Hegedű
Violoncello	Cselló

Surf
Szörfözés

Atleta	Atléta
Campione	Bajnok
Divertimento	Móka
Estremo	Szélsőséges
Folla	Tömeg
Forza	Erő
Meteo	Időjárás
Nuotare	Úszni
Oceano	Óceán
Onda	Hullám
Popolare	Népszerű
Principiante	Kezdő
Schiuma	Hab
Scogliera	Zátony
Spiaggia	Strand
Spray	Spray
Stile	Stílus
Stomaco	Gyomor
Velocità	Sebesség

Tecnologia
Technológia

Blog	Blog
Browser	Böngésző
Byte	Bájt
Computer	Számítógép
Cursore	Kurzor
Dati	Adat
Digitale	Digitális
File	Fájl
Font	Betűtípus
Internet	Internet
Messaggio	Üzenet
Ricerca	Kutatás
Schermo	Képernyő
Sicurezza	Biztonság
Software	Szoftver
Statistiche	Statisztika
Telecamera	Kamera
Virtuale	Virtuális
Virus	Vírus

Tempo
Idő

Anno	Év
Annuale	Éves
Calendario	Naptár
Decennio	Évtized
Dopo	Után
Futuro	Jövő
Giorno	Nap
Ieri	Tegnap
Mattina	Reggel
Mese	Hónap
Mezzogiorno	Dél
Minuto	Perc
Momento	Pillanat
Notte	Éjszaka
Oggi	Ma
Ora	Óra
Presto	Hamar
Prima	Előtt
Secolo	Század
Settimana	Hét

Tipi di Capelli
Haj Típusok

Argento	Ezüst
Asciutto	Száraz
Bianco	Fehér
Biondo	Szőke
Breve	Rövid
Calvo	Kopasz
Colorato	Színes
Grigio	Szürke
Intrecciato	Fonott
Liscio	Sima
Lungo	Hosszú
Marrone	Barna
Morbido	Puha
Nero	Fekete
Riccio	Göndör
Riccioli	Fürtök
Sano	Egészséges
Sottile	Vékony
Spessore	Vastag
Trecce	Zsinór

Uccelli
Madarak

Airone	Gém
Anatra	Kacsa
Aquila	Sas
Cicogna	Gólya
Cigno	Hattyú
Cuculo	Kakukk
Falco	Sólyom
Fenicottero	Flamingó
Gabbiano	Sirály
Oca	Liba
Pappagallo	Papagáj
Passero	Veréb
Pavone	Páva
Pellicano	Pelikán
Piccione	Galamb
Pinguino	Pingvin
Pollo	Csirke
Struzzo	Strucc
Tucano	Tukán
Uovo	Tojás

Vacanza #1
Nyaralás #1

Aereo	Repülőgép
Andare	Menni
Auto	Autó
Biglietto	Jegy
Dogana	Vám
Itinerario	Útvonal
Lago	Tó
Museo	Múzeum
Nuotare	Úszni
Ombrello	Esernyő
Partenza	Indulás
Rilassamento	Kikapcsolódás
Spedizione	Expedíció
Tram	Villamos
Turismo	Turista
Valigia	Bőrönd
Valuta	Valuta
Zaino	Hátizsák

Vacanze #2
Nyaralás #2

Aeroporto	Repülőtér
Campeggio	Kemping
Foto	Fotók
Hotel	Szálloda
Isola	Sziget
Mappa	Térkép
Mare	Tenger
Montagne	Hegyek
Passaporto	Útlevél
Ristorante	Étterem
Spiaggia	Strand
Straniero	Külföldi
Taxi	Taxi
Tempo Libero	Szabadidő
Tenda	Sátor
Trasporto	Szállítás
Treno	Vonat
Vacanza	Nyaralás
Viaggio	Utazás
Visto	Vízum

Veicoli
Járművek

Aereo	Repülőgép
Ambulanza	Mentőautó
Auto	Autó
Autobus	Busz
Barca	Hajó
Bicicletta	Kerékpár
Camion	Kamion
Caravan	Lakókocsi
Elicottero	Helikopter
Furgone	Furgon
Metropolitana	Metró
Motore	Motor
Pneumatici	Gumik
Razzo	Rakéta
Scooter	Robogó
Taxi	Taxi
Traghetto	Komp
Trattore	Traktor
Treno	Vonat
Zattera	Tutaj

Verdure
Zöldségfélék

Aglio	Fokhagyma
Broccolo	Brokkoli
Carciofo	Articsóka
Carota	Sárgarépa
Cetriolo	Uborka
Cipolla	Hagyma
Fungo	Gomba
Insalata	Saláta
Melanzana	Padlizsán
Patata	Burgonya
Pisello	Borsó
Pomodoro	Paradicsom
Prezzemolo	Petrezselyem
Rapa	Fehérrépa
Ravanello	Retek
Scalogno	Mogyoróhagyma
Sedano	Zeller
Spinaci	Spenót
Zenzero	Gyömbér
Zucca	Tök

Vestiti
Ruházat

Abito	Ruha
Braccialetto	Karkötő
Camicetta	Blúz
Camicia	Ing
Cappello	Kalap
Cappotto	Kabát
Cintura	Öv
Collana	Nyaklánc
Giacca	Dzseki
Gonna	Szoknya
Grembiule	Kötény
Guanti	Kesztyű
Jeans	Farmer
Maglione	Pulóver
Moda	Divat
Pantaloni	Nadrág
Pigiama	Pizsama
Sandali	Szandál
Scarpa	Cipő
Sciarpa	Sál

Virtù #1
Erények #1

Affascinante	Bájos
Affidabile	Megbízható
Appassionato	Szenvedélyes
Artistico	Művészi
Buono	Jó
Curioso	Kíváncsi
Decisivo	Döntő
Divertente	Vicces
Efficiente	Hatékony
Generoso	Nagylelkű
Indipendente	Független
Intelligente	Intelligens
Modesto	Szerény
Paziente	Beteg
Pratico	Gyakorlati
Pulito	Tiszta
Saggio	Bölcs
Utile	Hasznos

Congratulazioni

Ce l'hai fatta!

Speriamo che questo libro vi sia piaciuto tanto quanto a noi è piaciuto concepirlo. Ci sforziamo di creare libri della più alta qualità possibile.
Questa edizione è progettata per fornire un apprendimento intelligente, di qualità e divertente!

Le è piaciuto questo libro?

Una Semplice Richiesta

Questi libri esistono grazie alle recensioni che pubblicate.

Puoi aiutarci lasciando una recensione
ora a questo link ?

BestBooksActivity.com/Recensioni50

SFIDA FINALE!

Sfida n°1

Sei pronto per il tuo gioco gratuito? Li usiamo sempre, ma non sono così facili da trovare - ecco i **Sinonimi!**

Scrivi 5 parole che hai trovato nei puzzle (n° 21, n° 36, n° 76) e prova a trovare 2 sinonimi per ogni parola.

Scrivi 5 parole del **Puzzle 21**

Parole	Sinonimo 1	Sinonimo 2

Scrivi 5 parole del **Puzzle 36**

Parole	Sinonimo 1	Sinonimo 2

Scrivi 5 parole del **Puzzle 76**

Parole	Sinonimo 1	Sinonimo 2

Sfida n°2

Ora che ti sei riscaldato, scrivi 5 parole che hai trovato nei puzzle n° 9, n° 17 e n° 25 e cerca di trovare 2 contrari per ogni parola. Quanti ne puoi trovare in 20 minuti?

Scrivi 5 parole del **Puzzle 9**

Parole	Antonimo 1	Antonimo 2

Scrivi 5 parole del **Puzzle 17**

Parole	Antonimo 1	Antonimo 2

Scrivi 5 parole del **Puzzle 25**

Parole	Antonimo 1	Antonimo 2

Sfida n°3

Grande! Questa sfida non è niente per te!

Pronto per la sfida finale? Scegli 10 parole che hai scoperto nei diversi puzzle e scrivile qui sotto.

1.	6.
2.	7.
3.	8.
4.	9.
5.	10.

Ora scrivi un testo pensando a una persona, un animale o un luogo che ti piace.

Puoi usare l'ultima pagina di questo libro come bozza.

La tua composizione:

_____

_____

_____

_____

_____

_____

_____

_____

_____

TACCUINO:

A PRESTO!

Tutta la Squadra